Das Grab des Nacht

Kunst und Geschichte eines Beamtengrabes der 18. Dynastie in Theben-West

von
Abdel Ghaffar Shedid und Matthias Seidel

Das Grab des Nacht

Kunst und Geschichte eines Beamtengrabes der 18. Dynastie in Theben-West

VERLAG PHILIPP VON ZABERN · MAINZ

Katalog-Handbuch: 83 Seiten mit 57 Farb- und 8 Schwarzweißabbildungen

Umschlag (vorne): Damen beim Festmahl (linke Rückwand)
Umschlag (hinten): Hieroglyphische Beischrift (rechte Rückwand)

Frontispiz: Zwei Mädchen bei der Flachsernte (linke Eingangswand)

Vor- und Nachsatz: Jagd im Papyrusdickicht (rechte Rückwand); Zeichnung nach N. de Garis Davies, The Tomb of Nakht at Thebes, New York 1917, Pl. XXII

Katalog:
Herausgeber: Arne Eggebrecht
Redaktion: Arne Eggebrecht und Matthias Seidel

Karten und Strichzeichnungen:
Andreas Pankalla, Hildesheim
Matthias Seidel, Hildesheim
Tom Uhe, Harsum

Textbeiträge:
Abdel Ghaffar Shedid, München (A. Sh.)
Matthias Seidel, Hildesheim (M. S.)

ISBN 3-8053-1332-2
ISBN 3-8053-1335-7 (Museumsausgabe)
Satz: Typo-Service Mainz
Lithos: SWS Repro, Wiesbaden
Gesamtherstellung: Zaberndruck, Mainz am Rhein
Printed in Germany / Imprimé en Allemagne
Printed on fade resistant and archival quality paper
(PH 7 neutral)

Inhaltsverzeichnis

Vorwort 7

Matthias Seidel
Die Nekropole von Theben-West bis zum Ende des Neuen Reiches 9

Abdel Ghaffar Shedid und *Matthias Seidel*
Das Grab des Nacht 13

Die Entdeckung des Grabes 13

Beschreibung der Darstellungen 13

Die Objekte der Grabausstattung 19

Das Werkverfahren 19

Wandgliederung und Bildanalyse 21

Ikonographische Details 28

Der Maler des Grabes 29

Chronologische Übersicht über die Geschichte Ägyptens 31

Tafelverzeichnis 32

Farbtafeln 34

Fotonachweis 83

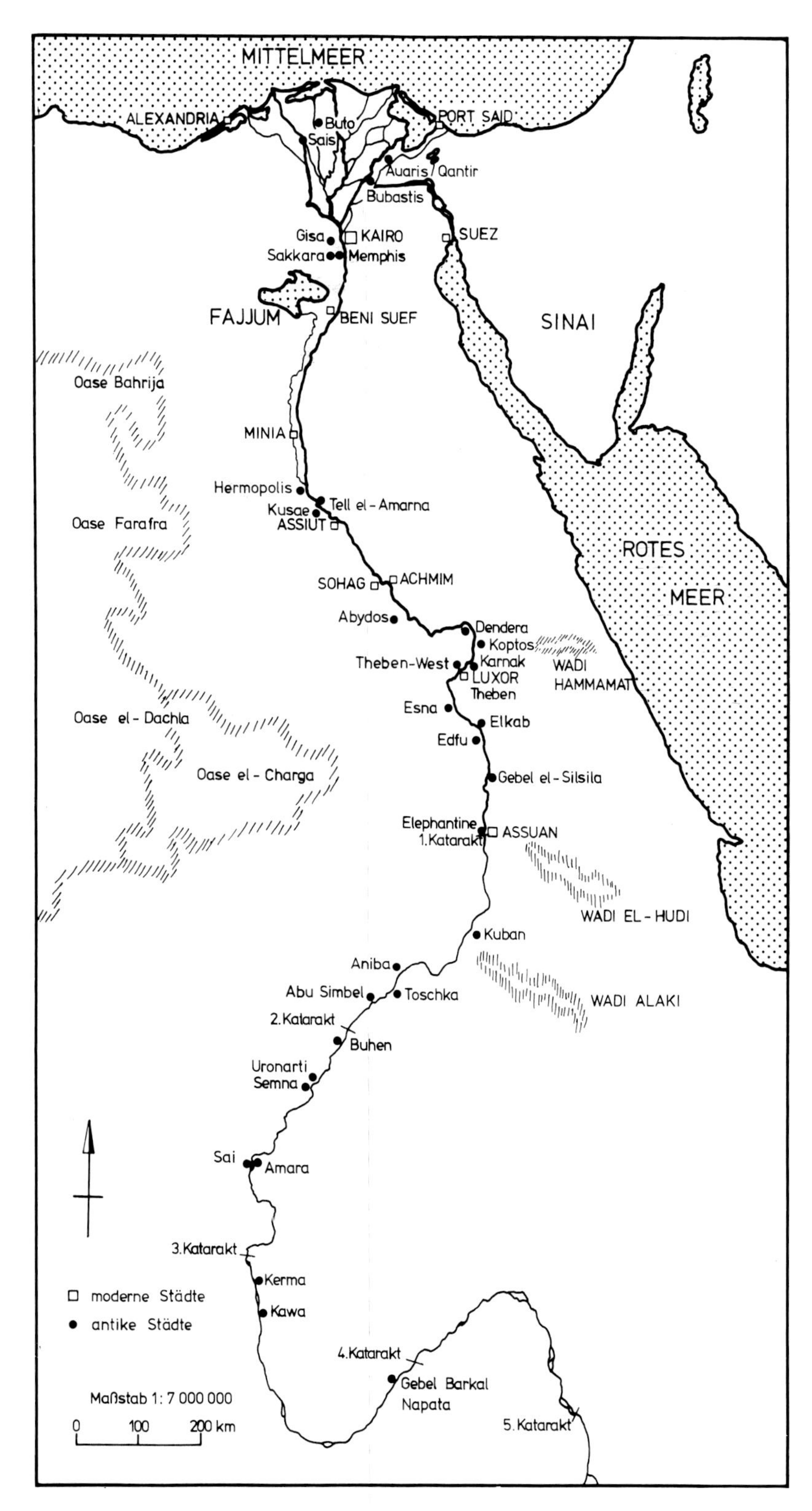

Abb. 1 Ägypten und Nubien

Vorwort

Zu den Merkwürdigkeiten einer Wissenschaft wie der Ägyptologie gehört die Tatsache, daß selbst weltberühmte Denkmäler nicht oder nur unzureichend aufgenommen bzw. dokumentiert sind. Dieses Schicksal trifft auch auf die Grabanlage des Tempelastronomen Nacht in Theben-West zu. Obwohl Einzelszenen der Wandmalereien wie z. B. die Gruppe der drei Musikantinnen oder die Damen beim Festmahl immer wieder in kunstgeschichtlichen Werken abgebildet werden, fehlt bisher eine Publikation, die alle Darstellungen des Grabes vollständig in Farbe wiedergibt. Dieser Mangel wird durch den vorliegenden Bildband in eindrucksvoller Weise behoben, der darüber hinaus auch deshalb begrüßenswert erscheint, weil das Original in absehbarer Zeit für immer geschlossen werden muß, um einem weiteren Zerfall der kostbaren Malereien Einhalt zu gebieten. Neben anderem sind es vor allem die hohen Besucherzahlen der letzten Jahrzehnte, die zu dieser bedrohlichen Situation geführt haben und keinen anderen Ausweg offenlassen. In diesem Zusammenhang rückt ein Mann und seine Arbeit wieder ins Bewußtsein, dem höchste Anerkennung gebührt: In den Jahren zwischen 1907 und 1910 fertigte der englische Ägyptologe Norman de Garis Davies im Auftrag der »Egyptian Expedition« des Metropolitan Museum of Art in New York in aufwendiger Temperatechnik eine Kopie sämtlicher Malereien des Nacht-Grabes, die als Meisterwerk ihrer Gattung bezeichnet werden kann und noch heute einen Eindruck von der überwältigenden Farbenpracht des Grabes kurz nach seiner Entdeckung im Jahre 1889 vermittelt.
Dank des verständnisvollen Entgegenkommens der zuständigen Stellen im Metropolitan Museum of Art konnten die Arbeiten von Davis 1991 erstmalig in Europa im Rahmen der Hildesheimer Sonderausstellung »Ägypten – Suche nach Unsterblichkeit« öffentlich präsentiert werden. Nach Mainz sind weitere Stationen für das »Grab des Nacht« geplant, so daß auch die Ausstellungsbesucher in anderen Städten die Faszination dieser »Bildergalerie« erleben können.
Ohne das nachhaltige Engagement von Frau Dr. Dorothea Arnold, Leiterin des Department of Egyptology im Metropolitan Museum of Art, hätte das Ausstellungsprojekt »Grab des Nacht« und die Erstellung des Kataloges nicht realisiert werden können. Deshalb sei ihr auch an dieser Stelle besonders gedankt. Des weiteren gilt mein Dank den beiden Autoren, Herrn Dr. Matthias Seidel und Herrn Dr. Abdel Ghaffar Shedid, wobei letzterer außer seinem schriftlichen Beitrag wertvollstes, von ihm selbst vor Jahren im Originalgrab aufgenommenes Fotomaterial zur Verfügung stellte. Zusammen mit den kostbaren, gleichfalls schon »historischen« Aufnahmen von Eberhard Thiem (Lotos-Film), dem hier gleichfalls herzlich zu danken ist, ließ sich die vorliegende Spezialveröffentlichung zusammenstellen. Nicht zuletzt ist es mir ein Bedürfnis, meinen Dank auch Herrn Franz Rutzen, dem Inhaber des Verlages Philipp von Zabern in Mainz, auszusprechen, der zusammen mit seinem Mitarbeiter Herrn Ludwig Kirsch die Herstellung und Drucklegung des Kataloges in bewährter Weise gefördert und betreut hat.

Professor Dr. Arne Eggebrecht

Leitender Direktor des Roemer- und Pelizaeus-Museums, Hildesheim

N
Tal der Könige
Bibân el-Molûk
Hatschepsut
Deir el-Bahari
Mentuhotep II.
Gräber der
11. Dynastie
Dra Abu'l-Naga
Gräber der
17. Dyn.
Gräber des
Alten Reiches ur
Mittleren Reiches
el-Tarif
Amenophis I.
el-Asasif
Chocha
Scheich
Abd el-Gurna
Grab
des Nacht
Ramses IV
Sethos I.
Tal der Königinnen
Bibân el-Harim
Deir
el-Medineh
Thutmosis III.
Siptah
Amenophis II.
Ramesseum / Ramses II.
Thutmosis IV.
Gurnet Murrai
Tausert
Merenptah
Amenhotep
Amenophis III.
Haremhab
Thutmosis II.
Memnonskolosse
Medînet Hâbu
Ramses III.
Palast
Amenophis' III.
Malqata
Antike See-
und Hafenanlage

Die Nekropole von Theben-West bis zum Ende des Neuen Reiches

Matthias Seidel

Unter den zahlreichen Totenstädten, die uns aus dem pharaonischen Ägypten überliefert sind, nimmt die Nekropole von Theben-West eine herausragende Stellung ein. Ihre Bedeutung wird dabei nicht ausschließlich von der großen Anzahl gut erhaltener Grabanlagen und Tempelbauten bestimmt, sondern liegt vielmehr in der Tatsache begründet, daß diese Denkmäler, wenn auch in unterschiedlicher Intensität, die politische wie kulturelle Entwicklung des Landes nachhaltig widerspiegeln. Besonders die Geschichte des Neuen Reiches wäre ohne den reichhaltigen Denkmälerbestand aus Theben-West um viele grundsätzliche Erkenntnisse ärmer. So wird auch verständlich, daß die Erforschung der thebanischen Nekropole äußerste Priorität für die Wissenschaft besitzt. Seit nunmehr über einhundert Jahren sind alljährlich mehrere Ausgrabungsteams in Theben-West tätig, Jahr für Jahr werden weitere Entdeckungen gemacht, und ein Abschluß der Arbeiten ist noch lange nicht in Sicht.

Gegenüber der Stadt Theben (heute Luxor) erstreckt sich auf dem Westufer des Nils die zugehörige Totenstadt. Bei einer Nord-Süd-Ausdehnung von nahezu fünf Kilometern liegt sie am Rande des Fruchtlandes. Das hügelige Gelände geht anschließend in die teilweise schroff aufsteigenden Kalksteinberge der Westwüste über, wobei die höchste Erhebung, das »Horn« von Gurna, gleichsam als Naturpyramide den gesamten Bereich der Nekropole überragt. Diese eindrucksvolle geographische Situation hat sicherlich bei der Wahl des Nekropolengebietes eine Rolle gespielt, da sie auf ideale Weise die Ansprüche an ein Wohngebiet für die »Westlichen«, die verklärten Toten, erfüllte.

Die einzelnen Belegungsphasen des Friedhofes von Theben-West umfassen nahezu die gesamte Geschichte Altägyptens. Nur noch die Nekropole von Sakkara ist in diesem Sinne vergleichbar, allerdings bei sehr unterschiedlicher Ausprägung der zeitlichen Schwerpunkte. Die Besiedlung von Theben kann bis weit in die vorgeschichtlichen Epochen zurückverfolgt werden, wie paläolithische und dann neolithische Funde der sog. Negade-Kulturen (5./4. Jt. v. Chr.) belegen. Aus der Folgezeit des Alten Reiches liegt die erste inschriftliche Erwähnung von Theben vor. In einer der Statuengruppen des Königs Mykerinos (4. Dynastie), die 1908 im Taltempel seiner Pyramidenanlage in Giza entdeckt wurden, wird der Herrscher zusammen mit der Göttin Hathor und der männlichen Gaugottheit von Theben vorgestellt. Spätestens seit dieser Zeit wird man deshalb Theben als das eigentliche Machtzentrum des 4. oberägyptischen Gaues bezeichnen dürfen. Damit steht auch in Übereinstimmung, daß während der 4. Dynastie in el-Tarif, dem nördlichsten Abschnitt der Nekropole, die ältesten bisher bekannten Gräber in Theben-West errichtet wurden. Es handelt sich dabei um große Ziegelmastabas, die leider keinerlei beschriftetes Material geliefert haben, so daß über ihre Besitzer keine näheren Aussagen gemacht werden können. Diese erste Belegungsphase im gesamten Nekropolengebiet hat ihren Platz wohl nicht zufällig in el-Tarif gefunden. Ausschlaggebend war vielmehr die direkte Sichtverbindung über den Fluß nach Karnak, wo zu dieser Zeit allerdings nur ein einfaches Heiligtum in Ziegelbauweise gestanden haben wird. Ob der damalige Kultbetrieb schon mit der späteren Hauptgottheit, dem Amun-Re, in Verbindung gebracht werden darf, muß nach bisheriger Quellenlage offenbleiben. Das Phänomen einer Ausrichtung von Teilbereichen des Friedhofes auf die Kultanlagen von Karnak kann bis

◁ *Abb. 2 Die Nekropole von Theben-West*

zur frühen 18. Dynastie beobachtet werden und bietet zugleich die Begründung für die eindeutige Bevorzugung der nördlichen Nekropolengebiete.
Gegen Ende des Alten Reiches wurde in der 6. Dynastie der Friedhof nach Chocha verlagert, einem flachen Grabhügel am Eingang zum Talkessel von Deir el-Bahari. Die wenigen dort angelegten Felsgräber von bescheidenem Ausmaß gehören Beamten, von denen einige mit dem Titel eines Gaufürsten bzw. eines »Vorstehers von Oberägypten« ausgestattet sind. Durch den vollständigen Zusammenbruch des Alten Reiches verändert sich in der nachfolgenden 1. Zwischenzeit die innenpolitische Situation grundlegend. Während im Norden ein Herrscherhaus aus Herakleopolis als 9. Dynastie an die Macht gelangt, zerfällt der Süden des Landes in kleinere Gaufürstentümer. Bedingt durch die wirtschaftlichen Probleme, hat diese Zeit kaum Spuren in der Nekropole von Theben-West hinterlassen. Erneute Veränderungen gehen dann nur einige Jahrzehnte später von thebanischen Kleinkönigen der frühen 11. Dynastie aus, die alle den Namen Antef tragen. Sie vergrößern zunehmend ihren Einfluß in Oberägypten und betreiben mit Nachdruck den Kampf gegen die Herakleopolitenherrscher (jetzt 10. Dynastie) des nördlichen Landesteiles. Die wiedergewonnene Wirtschaftskraft verdeutlicht ein breit angelegtes Bauprogramm, das unter den Antef-Königen durchgeführt wird. Vornehmlich im Heimatgau von Theben werden dabei Heiligtümer aus Stein errichtet, die dem falkenköpfigen Kriegsgott Month, der alten Ortsgottheit des Gaues, geweiht wurden. Bei der Wahl des Residenzfriedhofes wird auf das Gebiet von el-Tarif zurückgegriffen, wohl in bewußter Anlehnung an die Ortstradition im Alten Reich. Um die gewaltigen Grabanlagen der Könige (Antef I.–III.) herum liegen etwa 250–400 Privatgräber der thebanischen Oberschicht, so daß hier erstmals in Theben-West ein Nekropolenbezirk von nennenswerter Größe und Geschlossenheit vorliegt. Der Prozeß der Wiedervereinigung des Landes wurde dann von Mentuhotep II. zum Abschluß gebracht, der späteren Generationen zu Recht als eigentlicher Begründer des Mittleren Reiches galt. Unter seiner langen und machtvollen Regierung erlebte Theben in der Funktion einer unbestrittenen Hauptstadt Ägyptens einen gesamtkulturellen Aufschwung von bis dahin nicht gekannter Größenordnung. Das Grab des Königs und der zugehörige Totentempel wurden im Talkessel von Deir el-Bahari angelegt. Ganz in der Nähe des königlichen Grabbaus ließen sich auch die hohen Beamten der späten 11. Dynastie ihre Felsgräber ausheben. Besonders von den südlichen Hängen des Asasif, wie heute das Gebiet im Vorfeld von Deir el-Bahari genannt wird, besaßen diese Gräber einen idealen Ausblick auf die breite Prozessionsstraße, die zur Anlage Mentuhoteps II. hinaufführte. Die unter diesem Herrscher begründete Bedeutung von Deir el-Bahari als kultisches Zentrum der Totenstadt blieb auch in späteren Zeiten erhalten. Zum einen lokalisierte man seit dem frühen Mittleren Reich im Tal den Sitz der Schutzpatronin von Theben-West, der Göttin Hathor, die gerne als »Herrin des Westens« bezeichnet wurde, zum anderen endete in Deir el-Bahari der große Prozessionsumzug, der alljährlich anläßlich des »Schönen Festes vom Wüstental« stattfand (vgl. S. 17).
Mit dem Regierungsantritt von Amenemhet I., dem ersten König der 12. Dynastie, wurde die Residenz von Theben weg in den memphitischen Großraum verlegt. Da die Beamtenschaft der Zentralverwaltung mit nach Norden umgezogen war, können in Theben-West aus dieser Epoche nur ganz wenige Bestattungen nachgewiesen werden. In Karnak hingegen entfalten die Herrscher mit dem Namen Sesostris und Amenemhet eine eindrucksvolle Bautätigkeit, wobei die zahlreichen Darstellungen und Inschriften das Kultprofil des Gottes Amun-Re immer deutlicher hervortreten lassen.
Mit dem Ende der 12. Dynastie bricht dann der Einheitsstaat des Mittleren Reiches auseinander. Die anschließende 13. Dynastie wird von großer politischer Instabilität geprägt, die an der schnellen Abfolge der einzelnen Könige, deren Regierungszeiten selten zwei bis vier Jahre übersteigen, ablesbar wird. In dieses relative Machtvakuum stoßen die sog. Hyksos vor, die um 1650 v. Chr. eine erste reine Fremdherrschaft (15./16. Dynastie) über Ägypten errichten. Etwa zeitgleich können in Oberägypten thebanische Könige eine weitgehende Unabhängigkeit bewahren. Die Grabanlagen dieser Herrscher der 17. Dynastie, bescheidene Ziegelpyramiden mit einer unterirdischen Grabkammer, entstehen am Abhang von Dra Abu'l-Naga, einem Bezirk südlich von el-Tarif. Ebenfalls in Dra Abu'l-Naga lassen sich die Würdenträger dieser Zeit in großen Pfeilergräbern beisetzen.
Nach der erfolgreichen Vertreibung der Hyksos durch die Thebaner und der erneuten Reichseinigung unter König Ahmose beginnt mit der 18. Dynastie die eigent-

liche Blütezeit von Theben. In der Nekropole bricht schon Amenophis I. mit der Tradition der Pyramidengräber, aber erst sein Nachfolger Thutmosis I. verlagert den Königsfriedhof ins berühmte Tal der Könige. Bis zum Ende des Neuen Reiches werden dort alle Pharaonen (Ausnahme Echnaton) in mächtigen Feldgräbern bestattet, deren Wandmalereien ausschließlich religiösen Themen (Unterweltsbücher, Götterdarstellungen) vorbehalten bleiben. Die königlichen Totentempel werden jetzt vom Grabzusammenhang gelöst und im östlichen Vorfeld der Nekropole errichtet. Sie erfüllen zugleich die Funktion eines Totenopfertempels, dienten also der kultischen Versorgung der verstorbenen Herrscher, und die eines Stationsheiligtums für den Gott Amun in Verbindung mit dem Talfest. Zielpunkt für den Prozessionsumzug war seit der 18. Dynastie der terrassenförmig ausgeführte Totentempel der Königin Hatschepsut in Deir el-Bahari, eine Anlage, die noch heute das Bild im Talkessel dominiert. Seit der Regierungszeit der Hatschepsut wird die Nekropole von Theben-West auch von der Beamtenschaft als Residenzfriedhof endgültig angenommen und der Grabhügel von Scheich Abd el-Gurna zum vornehmsten Bestattungsort gewählt. Dabei wurde zunächst die nordöstliche Hanglage belegt, da sie den unmittelbaren Blick nach Karnak und auf die Totentempel der Herrscher ermöglichte. Durch die weitere intensive Belegung füllte sich der zentrale Bereich von Scheich Abd el-Gurna mit so vielen Gräbern, daß unter Amenophis II. selbst die Anlagen der hohen Beamten in südliche Richtung abgedrängt werden. Auch die Randbezirke und das Gelände vor Cocha unterliegen einer verstärkten Nutzung. Die wichtigen Beamten der Zeit Thutmosis' IV. besetzen mit ihren Felsgräbern den oberen Abschnitt des Hügels, während die Mittelschicht sich mit der Lage am Fuß des Gräberberges begnügen muß. In diesem Gebiet befindet sich auch das Grab des Nacht. Die Gründe, die es ihm – im Gegensatz zu weitaus höher gestellten Mitgliedern der Verwaltung – ermöglichten, seine letzte Ruhestätte in so prominenter Umgebung zu finden, können nicht benannt werden. Vermutlich haben berufliche oder verwandtschaftliche Beziehungen zu einer Persönlichkeit der Nekropolenaufsicht eine entscheidende Rolle gespielt.

Die thutmosidische Epoche der frühen 18. Dynastie wird in Theben-West auch mit Profanbauten greifbar, die aber alle dem Zahn der Zeit zum Opfer gefallen sind. Das gilt für den offiziellen Regierungspalast, der bis unter Thutmosis IV. in Gebrauch war, ebenso wie für die gesamte Wohnstadt, deren Abgrenzung gegenüber der Nekropole durch eine Ziegelmauer von Hatschepsut veranlaßt wurde.

Gut erhalten ist dagegen die Arbeitersiedlung von Deir el-Medineh im Süden des Nekropolengebietes. Wohnhäuser und Gräber liegen enggedrängt in einer kleinen Senke hinter dem wenig beanspruchten Gräberhügel von Gurnet Murrai. Aus Deir el-Medineh, dessen Gründung auf Amenophis I. zurückgeht, stammten die Handwerker und Künstler, die mit den Arbeiten an den Herrschergräbern im Tal der Könige beauftragt waren.

Wie im ganzen Land tritt Amenophis III. auch in der thebanischen Totenstadt als bedeutender Bauherr auf. Zunächst errichtet er den größten aller Totentempel mit zwei riesigen Sitzfiguren, den sog. Memnonskolossen, vor dem Eingangspylon. Danach entsteht ganz im Süden bei Malqata eine ausgedehnte Palastanlage, der das seeartige Hafenbecken von Birket Habu vorgelagert ist. Für die Privatgräber der Zeit Amenophis' III. gibt es aufgrund der engen Belegungssituation keinen besonders hervorgehobenen Teil des Friedhofs mehr. So werden die Gräber auf und in der Ebene vor Scheich Abd el-Gurna, vor Chocha, aber auch vereinzelt in anderen Bereichen der Nekropole plaziert.

Nachdem Amenophis IV./Echnaton in seinen ersten Regierungsjahren noch in Theben residiert hatte, verlegte der König im Zuge seiner religiös-dogmatischen »Revolution« die Hauptstadt nach Tell el-Amarna in Mittelägypten. Zugleich entmachtete er die alteingesessene Beamten- und Priesterschaft und ließ den Kultbetrieb für den Reichsgott Amun-Re in Karnak einstellen. Das Andenken des Gottes wurde gnadenlos verfolgt, seine Darstellungen und Namenszüge von allen Denkmälern getilgt. Auch die Gräber und Tempel in Theben-West waren von diesen radikalen Maßnahmen betroffen.

Wenngleich schon unter den direkten Nachfolgern des Echnaton ein umfassendes Restaurationsprogramm durchgeführt wurde, war mit der Amarna-Zeit die zentrale politische Bedeutung von Theben für immer verlorengegangen. Am Ende der 18. Dynastie wurde Memphis zur Residenzstadt erhoben und in Sakkara ein neuer Beamtenfriedhof eröffnet. Die Belegung der thebanischen Nekropole dagegen kann nur als äußerst spärlich bezeichnet werden.

Abb. 3 Theben-West. Blick auf den Grabhügel von Scheich Abd el-Gurna um 1910 (Pfeil: Grab des Nacht)

Die Herrscher der frühen 19. Dynastie, Sethos I. und Ramses II., verlegen die Hauptstadt noch weiter nach Norden ins Ostdelta, wo bei Kantir die berühmte Ramsesstadt zügig ausgebaut wird. Theben nimmt jetzt zunehmend den Charakter einer Heiligen Stadt des Amun an, wobei in Karnak zu Ehren des Gottes von den ramessidischen Königen gewaltige Bauleistungen erbracht werden. Von der gleichen Monumentalität sind die Totentempel und Königsgräber dieser Herrscher der 19. und 20. Dynastie geprägt. Stellvertretend sei hier auf die mächtige Anlage Ramses' III. in Medinet Habu verwiesen. Seit der 19. Dynastie werden auch die Königinnen und Prinzen in einem nur ihnen vorbehaltenen Bereich der Nekropole, dem Tal der Königinnen, bestattet. Betrachtet man die Privatgräber dieser Zeit, so fällt auf, daß bis auf wenige Ausnahmen die hohen Staatsbeamten nicht mehr in Theben-West vertreten sind, sondern die Priester der thebanischen Tempel, besonders die Hohenpriester des Amun, dominieren. Als vornehmster Begräbnisplatz gilt jetzt wieder die Anhöhe von Dra Abu'l-Naga.

Nach dem Ableben Ramses' XI. erlischt die glanzvolle Epoche des Neuen Reiches, und die Priesterkönige der 21. Dynastie etablieren in Theben eines Gottesstaat, dessen Bedeutung aber letztlich nur von regionalem Zuschnitt ist.

Das Grab des Nacht

Abdel Ghaffar Shedid und Matthias Seidel

Die Entdeckung des Grabes

Die Entdeckungsgeschichte der Grabanlage des Nacht ist schnell erzählt, da sie keinerlei dramatische Züge aufweist. Gegen Ende des letzten Jahrhunderts, wohl um 1889, waren es zunächst Einheimische aus dem Dorf Gurna, die sich Zugang zum Grab verschafften, bevor kurze Zeit später Beamten des Antikendienstes erste Säuberungsarbeiten durchführten. Ins Rampenlicht einer breiteren Öffentlichkeit rückte das Nacht-Grab aber erst, als seine Malereien 1907–1910 von Wissenschaftlern des Metropolitan Museum of Art, New York, vollständig aufgenommen und in einer prachtvollen Publikation vorgelegt wurden. Die Arbeiten standen unter der Leitung des englischen Ägyptologen Norman de Garis Davies (1865–1941), der zudem ein begnadeter Künstler und Kopist war. Zusammen mit seiner kongenialen Frau Nina und anderen Mitarbeitern fertigte er im originalgetreuen Maßstab Kopien von allen Wandbildern des Grabes, die aufgrund der unnachahmlichen Genauigkeit höchste Bewunderung verdienen. Zugleich vermitteln diese in Temperatechnik ausgeführten Kopien eine Vorstellung von der ursprünglichen Leuchtkraft der Farben, die heute, knapp einhundert Jahre nach der Entdeckung des Grabes, stellenweise stärker verblaßt sind. Der schon eingetretene Substanzverlust (vgl. Abb. 15 mit S. 55) geht weiter und wird von vielen Faktoren bestimmt; doch dürften die Besucherströme, die sich in den letzten Jahrzehnten durch das Grab bewegt haben, eine unheilvolle Rolle dabei gespielt haben. Wie schleichend dieser Zerfall fortschreitet, zeigt ein detaillierter Blick auf die Gruppe der drei Musikantinnen (vgl. S. 53 und 54): Erst bildet sich ein feines Krakelee auf den Farben, die dann in kleinen Partien von der Wand abplatzen. Als einzig wirksame Maßnahme zur Rettung des noch Erhaltenen wird nur die endgültige Schließung des Grabes zu empfehlen sein.

Die Persönlichkeit des Nacht kann nur durch die Inschriften und Darstellungen seines Grabes bestimmt werden, da bisher keine weiteren Denkmäler zur Karriere des Beamten Aufschluß bieten. Der von ihm geführte Titel eines »Schreibers« ist unspezifisch, bedeutet letztlich nur, daß Nacht als Mitglied der Beamtenschaft zu der dünnen Bevölkerungsschicht gehörte, die Hieroglyphen lesen und schreiben konnte. Der zweite Titel benennt ihn als »Stundenpriester des Amun«. In dieser Funktion kontrollierte Nacht den pünktlichen Vollzug der Kultrituale im Reichstempel des Amun-Re in Karnak. Trotz der relativ geringen Aussagekraft dieser Titelkombination wird klar, daß Nacht nur der mittleren Beamtenschicht zugerechnet werden kann. Darauf verweist auch das bescheidene Ausmaß seines Grabes, da in der Regel die Größe eines thebanischen Beamtengrabes den sozialen Status des Grabherrn widerspiegelt.

Auch die zeitliche Einordnung des Nacht-Grabes läßt sich nicht aus inschriftlichen Hinweisen gewinnen. Dennoch erlauben stilistische Kriterien und allgemein kunstgeschichtliche Abwägungen eine Datierung in die Zeit Thutmosis' IV., des letzten Herrschers der thutmosidischen Epoche (vgl. dazu S. 28 f.). M. S.

Beschreibung der Darstellungen

Das kleine Felsgrab (Grab-Nr. 52) des Nacht liegt am Anstieg zum Gräberberg des Scheich Abd el-Gurna, dem bevorzugten Bestattungsort der Beamtenschaft von Theben-West. In seiner Architektur entspricht das

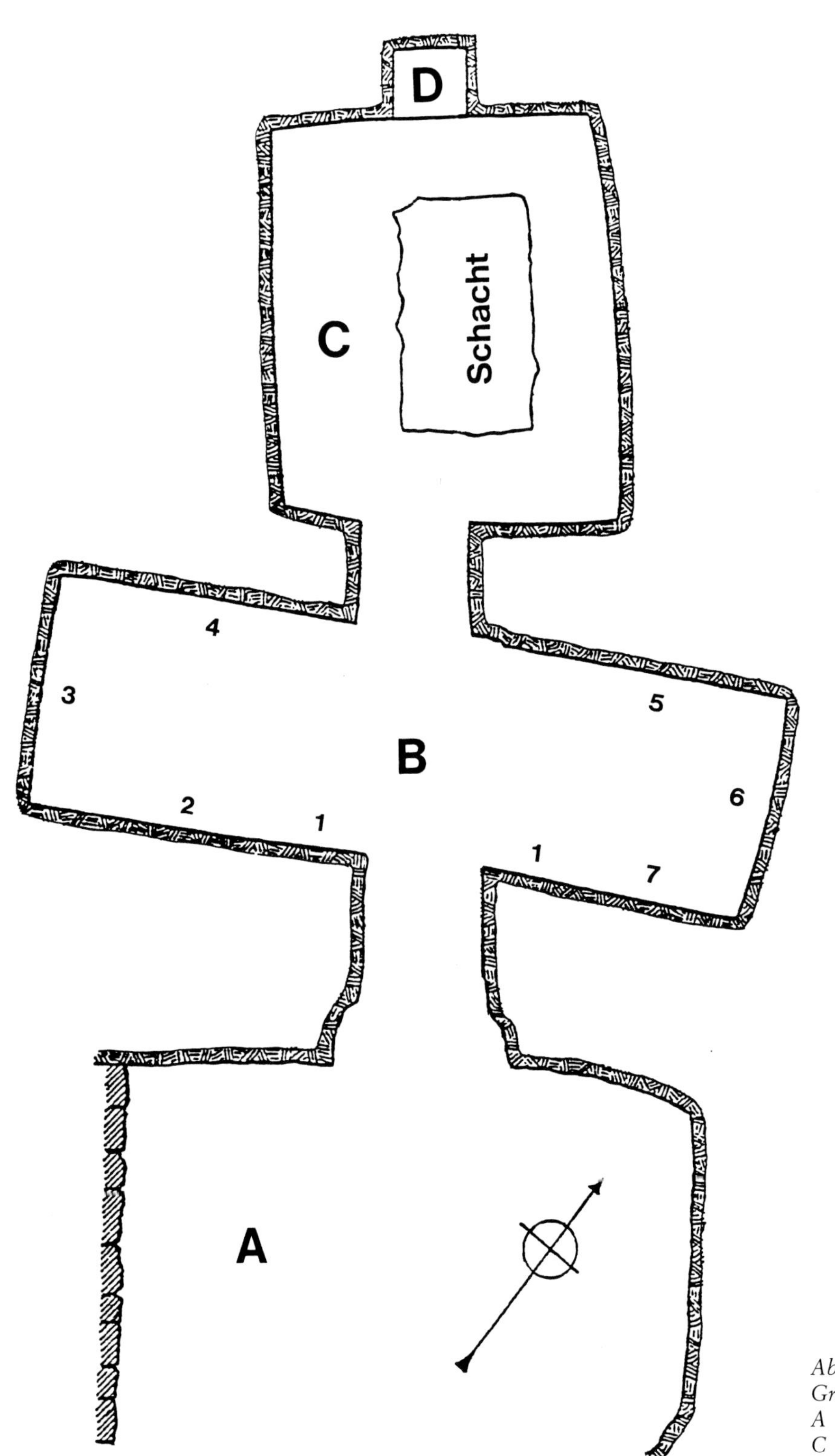

Abb. 4 Grab des Nacht – Schematischer Grundriß der Kulträume
A Hofanlage B Querraum
C Längsraum D Statuennische

Nacht-Grab ganz der Normalform eines thebanischen Privatgrabes aus der frühen bis hohen 18. Dynastie. Nach Durchquerung eines offenen Hofes betritt man die Kulträume und steht zunächst in einer quergelegenen Raumeinheit von ca. 5 m x 1,5 m Ausmaß (Abb. 6), der sogenannten »breiten Halle«. Von da leitet ein Durchgang (Abb. 5) über in die sogenannte »tiefe Halle«, die hier mehr die Gestalt eines länglichen Rechteckes besitzt. Die Rückwand dieses zweiten Raumes wird von einer Nische eingenommen, in der einst eine Statuengruppe des Grabherrn mit seiner Frau gestanden haben dürfte. Vom Boden aus führt eine breite und tiefe Schachtanlage zur undekorierten Sargkammer. Während die Kulträume auch nach der Bestattung zugänglich blieben, wurde der Schacht mit Geröll und Sand verfüllt und somit ein Betreten der Sargkammer verhindert. Nur der Querraum des Grabes hat eine nahezu vollständige Dekoration erhalten, hingegen sind die Wände der Längshalle erst verputzt und ohne jegliche Ausmalung geblieben.
Das Bildprogramm hält sich in Anordnung und Auswahl der Szenen weitgehend im zeitgenössischen Rahmen, wenngleich eine Fülle von Details als innovativ eingestuft werden müssen. Die thematische Gliederung im Grab (vgl. Grundriß, Abb. 4) ist wie folgt konzipiert:

1 Zu beiden Seiten des Eingangs: Das Ehepaar beim Brandopfer.
2 Linke Eingangswand: Feldarbeiten und Ernte.
3 Linke Schmalwand: Scheintür.
4 Linke Rückwand: Das »Schöne Fest vom Wüstental«.
5 Rechte Rückwand: Jagd im Papyrusdickicht, Weinlese und Vogelfang.
6 Rechte Schmalwand: Opfer vor dem Grabherrn.
7 Rechte Eingangswand: Gabenträger.

Die wichtigen Darstellungen des Bestattungszuges und der Pilgerfahrt nach Abydos hätten ihren angestammten Platz in der Längshalle gefunden. Auffallend ist auch, daß keine Abbildung mit der beruflichen Sphäre des Nacht in Verbindung steht, was aber mit seiner priesterlichen Tätigkeit zu begründen sein dürfte. Die Bildfelder der einzelnen Wände werden rahmenartig von einer sogenannten Farbleiter (vgl. S. 21) umzogen, während der obere Wandabschluß von einem umlaufenden Band abstrahierter Pflanzenbündel, dem sog. Cheker-Fries, gebildet wird. Die Vorstellung vom Grab als jenseitige Wohnung des Verstorbenen, als »Haus für die Ewigkeit«, verdeutlichen die Teppichmuster an der Decke, die sich zwischen drei in hellbrauner Farbgebung gehaltenen Bahnen, die Holzbalken imitieren, erstrecken.

1 Beidseitig des Einganges (S. 34/35 und 76/77)
Unmittelbar neben dem Grabeingang werden auf beiden Seiten die wichtigen Szenen des Grabherrn beim Brandopfer vorgestellt, die fast in keinem Grab dieser Zeit fehlen. Zusammen mit seiner Frau steht Nacht jeweils vor einem mächtigen Opferaufbau, dessen Überfülle auf die Reichhaltigkeit des Opfers verweisen soll. Dabei sind die einzelnen Gegenstände bzw. Naturalien in der typisch ägyptischen Abbildungsweise flächig ausgebreitet. Vollzogen wird der Opfervorgang nur vom Grabherrn selbst, der aus einem hohen Gefäß Myrrhen und Weihrauch über die Opfergaben schüttet. Die Dame Taui, Gemahlin des Nacht, macht einen nahezu unbeteiligten Eindruck. Als Tempelsängerin des Amun hält sie in der einen Hand ein Menat, einen Halskragen mit Gegengewicht, vor ihrem Oberkörper, während die andere ein Musikinstrument in Form eines Bügelsistrums umklammert. Die Darstellungen des Brandopfers beziehen sich auf die Feierlichkeiten des Talfestes, das alljährlich in Theben-West abgehalten wurde (s. u.). Eine Besonderheit besteht nun darin, daß die Götter als eigentliche Adressaten der Opfer nicht im Bild erscheinen, sondern nur in der jeweiligen Beischrift über den Köpfen des Ehepaares genannt werden. Neben den großen Göttern Amun-Re (Reichsgott), Re-Harachte (Sonnengott) und Osiris (Totengott) treten auch Hathor, die Herrin von Theben, und Anubis, der schakalköpfige Nekropolengott, auf. Die herausragende Bedeutung dieses Szenenpaares am Eingang des Grabes verdeutlicht auch seine Größenordnung: Die Figuren des Nacht und seiner Frau nehmen registerübergreifend nahezu die gesamte Wandhöhe ein und sind damit die größten Einzeldarstellungen überhaupt. Die festliche Gewandung des Ehepaares gibt einen weiteren Hinweis auf den Stellenwert des Geschehens.

2 Linke Eingangswand (S. 34/35)
Seit der Zeit des Alten Reiches gehörten landwirtschaftliche Darstellungen zum Szenenfundus der Privatgräber. Selbst wenn der Grabherr nicht unmittelbar

Abb. 5 Grab des Nacht. Blick in den Querraum mit Durchgang zum Längsraum (um 1910)

Abb. 6 Grab des Nacht. Blick in den Querraum mit Grabeingang (um 1910)

in einem diesbezüglichen Zweig der Verwaltung tätig war, sicherte ihm die magische Realität der Grabbilder seine materielle Versorgung im Jenseits; und das unabhängig von seinem wirklichen Einkommen zu Lebzeiten. Im Grab des Nacht nimmt das flache Basisregister die ganze Breite der Wand ein. Die beiden äußeren Bildinhalte könnten dabei nicht gegensätzlicher sein. Während rechts der Grabherr würdevoll in einem Kiosk Platz genommen hat, um die Arbeiten zu beaufsichtigen, kniet links ein Landarbeiter vor einem Baum und trinkt aus einem Wassersack (S. 40). Zwischen diesen Außenszenen verläuft eine Bodenwelle, die einen kleinen See umschließt und so landschaftsbezogene Räumlichkeit vermitteln will. Gruppen von Arbeitern sind mit der Aussaat, Roden eines Gehölzes und Hacken eines Gemüsefeldes beschäftigt. Komplettiert wird das Szenarium von zwei Rindergespannen, die jeweils einen Pflug ziehen. Im Kurzregister darüber kommen drei verschiedene Bildinhalte zur Darstellung. Rechts ist eine Gruppe von Kornschnittern bei der Arbeit, denen eine Ährensammlerin in stark gebückter Haltung folgt. Im Anschluß versuchen zwei Bauern, die überquellende Masse der Ähren in einem großen Tragkorb zu bändigen. Die Sprungbewegung (Abb. 12) der rechten Person ist dabei wie im Zeitraffer angehalten. Ganz links stehen zwei Mädchen in langen weißen Kleidern vor einem Flachsfeld. Die oberste Bildgruppe zeigt Kornmesser und Getreideworfler bei ihrer Tätigkeit. Zusammengeschlossen werden die Darstellungen von einem weiteren Kiosk mit dem sitzenden Grabherrn. Die Beischrift erläutert die Situation: »In der Halle sitzen und seine Felder inspizieren, durch den

Stundenpriester des Amun, Nacht, den Gerechtfertigten bei dem großen Gott«.

3 Linke Schmalwand (S. 42)
Die linke Schmalseite diente als Hauptkultstelle des Grabes. Im Zentrum der Wand ist eine Scheintür aufgemalt, deren rot gesprenkelte Farbgebung Rosengranit nachahmen soll. Seit frühesten Zeiten verband sich mit der Scheintür die Vorstellung, daß hier der Verstorbene hindurchtreten könne, um die Opfergaben der Totenstiftung entgegenzunehmen. Diesem Gedankengut sind auch sechs Gabenträger verpflichtet, die in streng symmetrischer Anordnung und kniender Haltung die Scheintür flankieren. Nach den Beischriften bringen die Diener Wasser, Bier und Wein, aber auch Kleidung und Salben herbei. Die Darstellung des Basisregisters setzt die strenge Achsenbezogenheit im Aufbau des Bildes fort. In der Mitte erhebt sich ein gewaltiger Opferaufbau, der mit Obst und Gemüse, Broten, Fleischteilen und Geflügel überladen ist. Zu beiden Seiten steht jeweils die Gestalt einer Frau im knöchellangen Trägergewand. Ein Baum als Kopfschmuck und weitere Opfergaben in ihren Händen identifizieren sie als Fruchtbarkeitspersonifikation. Von außen treten wiederum zu beiden Seiten Gabenträger heran, die einen kleinen Opfertisch vor sich halten.

4 Linke Rückwand (S. 46)
Bedauerlicherweise haben gerade die Malereien dieser Wand schweren Schaden genommen, die der so bedeutsamen Thematik der Feierlichkeiten des »Schönen Festes vom Wüstental« gewidmet sind. Anläßlich dieses Festes wurden die Kultstatuen der thebanischen Götter Amun, Mut und Chons von Karnak nach Theben-West gebracht, um in einem großen Prozessionsumzug die Totentempel der Herrscher zu besuchen. Zielpunkt des Festzuges war der Talkessel von Deir el-Bahari. In Verbindung mit diesem Hauptfest in der thebanischen Totenstadt versammelten sich auch die Familien vor den Gräbern ihrer Verstorbenen, um mit ihnen zu feiern. Als Festplatz dürfte der Vorhof gedient haben, wenngleich auch die Kulträume in das Geschehen miteinbezogen wurden. Im unteren Register opfert der Sohn des Grabherrn, Amenemope, seinen Eltern. Unter ihrem bankartigen Stuhl wird die Hauskatze beim Fressen eines Fisches gezeigt. Die anschließende Gruppe von drei Musikantinnen – Harfen-, Lauten- und Flötenspielerin – bezeichnet die bekannteste Einzelszene (S. 52) aus dem Nacht-Grab. Die kompositorische Eleganz dieses Ensembles steht gleichsam synonym für die Ausdruckskraft ägyptischer Grabmalereien des Neuen Reiches. In strenger Anordnung und nach Geschlechtern getrennt schließen zwei Gruppen von Festteilnehmern die Gesamtszene ab. Der obere Wandbereich hat nur ein Kleinregister erhalten, dessen Malereien ebenfalls die hohe Meisterschaft des Künstlers eindrucksvoll belegen. Auf einer Papyrusmatte sind sechs Frauen gruppiert, die am Gastmahl dieser Totengedenkfeier teilnehmen. Die eine Frauengruppe wird von einer Dienerin betreut, während zwei weitere Frauen Früchte in den Händen halten und eine dritte an einer Lotosblüte riecht. Mit untergeschlagenen Beinen sitzt vor ihnen der blinde Harfner, der mit seinem Gesang und Spiel weniger die musikalische Unterhaltung der Gäste beabsichtigt, sondern im Liedtext vielmehr auf die Vergänglichkeit der Welt verweist. Die Physiognomie des Harfners (vgl. S. 47) bietet ein frühes Beispiel psychologisierender Malkunst schlechthin.

5 Rechte Rückwand (S. 56/57)
Beide Hauptregister zeigen links die Darstellung des Grabherrn mit seiner Frau, die mit reichhaltigen Opfergaben versorgt werden. Ihr Blick richtet sich dabei auf die einzelnen Handlungen, die der Bereitstellung dieser Opfer vorauszugehen haben. Dominant erscheint auf der Wand die Jagd im Papyrusdickicht. In symmetrischer Anordnung steht Nacht zweimal weit ausschreitend in einem kleinen Nachen: Links schleudert er ein Wurfholz auf die Gruppe der auffliegenden Wasservögel, rechts vermittelt seine Armhaltung das Fischespeeren, wobei die Harpune nicht ausgeführt worden ist. Begleitet wird der Grabherr von seiner Frau, drei Kindern und der Dienerschaft. Die Tradition dieser Darstellung geht bis in die Zeit des Alten Reiches zurück. Der hintergründige, weitaus wichtigere Sinngehalt bezieht sich nicht auf das Erbeuten von Vögeln und Fischen, sondern auf die Funktion des Papyrusdickichts als mythologische Stätte der Fruchtbarkeit und Regeneration. Dieser Aspekt erklärt auch die Anwesenheit der Familienangehörigen, deren Abbildung bei einem rein sportlichen »Freizeitunternehmen« kaum verständlich wäre. Der posthumen Zeugung von Nachkommenschaft gilt also die wirkliche Bildaussage. Darüber hinaus verkörpert jede Jagdszene die Vernichtung chaotischer Kräfte, welche die göttliche Weltordnung bedrohen könnten.

Abb. 7/8 Grab des Nacht. Figur (Stelophor) des Nacht aus bemaltem Kalkstein

Unterhalb der Jagddarstellung wird die Weinlese und das Keltern der Trauben gezeigt. Zum Abschluß der Arbeiten wird der in einem Becken aufgefangene Most in große Amphoren (S. 68) abgefüllt, die mit gesiegelten Lehmverschlüssen versandfertig aufgereiht werden. Die Darstellungen im untersten Kleinregister sind der Vogeljagd mit dem großen Schlagnetz und der Zubereitung – rupfen und ausnehmen – von Geflügel vorbehalten.

6 Rechte Schmalwand (S. 74)

Auf der rechten Schmalseite, die der Hauptkultstelle mit der Scheintür gegenüberliegt, wird ebenfalls das Thema der materiellen Versorgung des Grabherrn angesprochen. In zwei gleich großen Registern sitzen Nacht und seine Frau an den Opfertischen, auf denen sich Brote, Fleisch, Obst und Körbe mit blauen Trauben türmen; hohe von Lotosblüten umschlungene Krüge und Stabsträuße stehen dicht an dicht darunter. Oben ziehen vor dem Ehepaar zwei Reihen von Opferträgern auf, die von einem Priester im Pantherfell angeführt werden. Neben Blumenarrangements werden hier Öl- und Salbengefäße herbeigebracht. Darunter werden vier gabenbringende Priester als Einzelpersonen abgebildet. Der weitgehend unfertige Zustand der Malereien vermittelt interessante Einblicke in das Werkverfahren (vgl. S. 19 ff.).

7 Rechte Eingangswand (S. 76/77)
Auf dieser Eingangswand erscheinen drei Reihen von Opfergabenträgern, die dem beim Brandopfervollzug (s. o.) beschäftigten Ehepaar folgen. Neben Papyruspflanzen, Trauben und Geflügel, werden auch Wüstengazellen und ein Kälbchen herangeführt. Diese Abgaben können wohl in doppelter Weise verstanden werden; einmal werden sie als Zulieferung für das den Göttern geweihte Brandopfer gedient haben, zum anderen repräsentieren sie Güter für die kultische Versorgung des Verstorbenen. Im Gegensatz zur Hauptszene der Wand fehlen in den Kleinregistern die Detailzeichnungen. So wird man davon ausgehen müssen, daß unmittelbar nach dem Tode des Grabherrn jegliche Arbeit an den Wandmalereien eingestellt wurde; ein Befund, der auch für viele andere Gräber in Theben-West zutrifft. M. S.

Die Objekte der Grabausstattung

In Verbindung mit der zeichnerischen Aufnahme der Wandmalereien ließ Davies auch die Schachtanlage und die unterirdische Sargkammer untersuchen. Obwohl er keine große Hoffnung haben konnte, eine vollständig erhaltene Grabausstattung vorzufinden, entlohnte ein wichtiger Einzelfund die mühsame Arbeit. Im Schacht entdeckte er eine stelophore Kniefigur (H.: 0,40 m) des Nacht (Abb. 7, 8), deren Bemalung fast vollständig erhalten war. Der ursprüngliche Aufstellungsplatz dieser kleinformatigen Plastik lag außerhalb des Grabes über dem Eingang. Die Ausrichtung ging dabei nach Osten, so daß der mehrzeilige Sonnenhymnus auf der Stele programmatischen Charakter besaß. Im Text wurde der Name des Gottes Amun – wie auch sonst im Grab – säuberlich getilgt (vgl. S. 11).

Re anbeten, wenn er aufgeht
bis zum Eintritt seines Untergangs im Leben
durch den Stundenpriester des (Amun),
den Schreiber Nacht, gerechtfertigt.
Sei gegrüßt, Re, bei deinem Aufgang,
Atum, bei deinem schönen Untergang!
Du erscheinst und erglänzt auf dem Rücken deiner Mutter,
du bist erschienen als König der Götter.
Nut führt die *njnj*-Begrüßung aus vor deinem Angesicht,
Maat umarmt dich allezeit.
Du querst den Himmel weiten Herzens,
der Messersee ist zur Ruhe gekommen.
Der Rebell ist gefallen, seine Arme sind gebunden,
das Messer hat seinen Wirbel durchschnitten.
(Übersetzung nach J. Assmann, Sonnenhymnen in Thebanischen Gräbern, 1983, Text 64)

Der Auffindung folgte alsbald der schicksalhafte und wohl endgültige Verlust: Auf dem Weg nach New York wurde 1915 der Dampfer »Arabic« mit der Statue des Nacht an Bord von einem deutschen U-Boot torpediert und versenkt.
Von der eigentlichen Grabausstattung konnten nur noch wenige Reste in stark fragmentarischem Zustand geborgen werden. Dazu gehören Teile von mehreren Särgen und Mobiliar, aber auch Tongefäße und einige Grabkegel (Abb. 9). So blieb den Ausgräbern vom Metropolitan Museum nur die Einsicht, daß die antiken Grabräuber vor ihnen zur Stelle waren und ganze Arbeit geleistet hatten. M. S.

Das Werkverfahren

Weitgehend fertiggestellt sind nur die Wände der kleinen Querhalle, während in dem anschließenden Längsraum die Arbeiten nicht über den Feinverputz hinausgekommen sind. In verschiedenen Einzelszenen der Querhalle fehlen jedoch noch Binnenzeichnungen und Strukturen sowie die abschließende Kontur. Der rein technische Aufbau der Malereien kann in folgenden Stufen skizziert werden.
Der Kalkstein, aus dem das Grab geschlagen wurde, ist von sehr poröser und brüchiger Qualität. Somit war es unmöglich, die Steinoberfläche so weit zu glätten, daß sie direkt als Malgrund zu benutzen gewesen wäre. Auch bei diesem Grab wie bei den meisten thebanischen Gräbern in dieser Lage war es deswegen notwendig, einen in mehreren Schichten aufgebauten Verputz aufzubringen. Eine unterschiedlich starke Lehm-Häcksel-Schicht schließt zunächst die nur roh zubehauene und unregelmäßig ausgebrochene Steinwand zu ebener Fläche. Darauf folgt eine feinere Gips-Mörtel-Lage, um eine glatte Oberfläche zu erzielen, abschließend als dichter Maluntergrund eine dünne Gipsschicht, die mit heller, in gebrochenem Weiß gehaltener Tünche überstrichen wird. Dadurch entsteht eine Grundie-

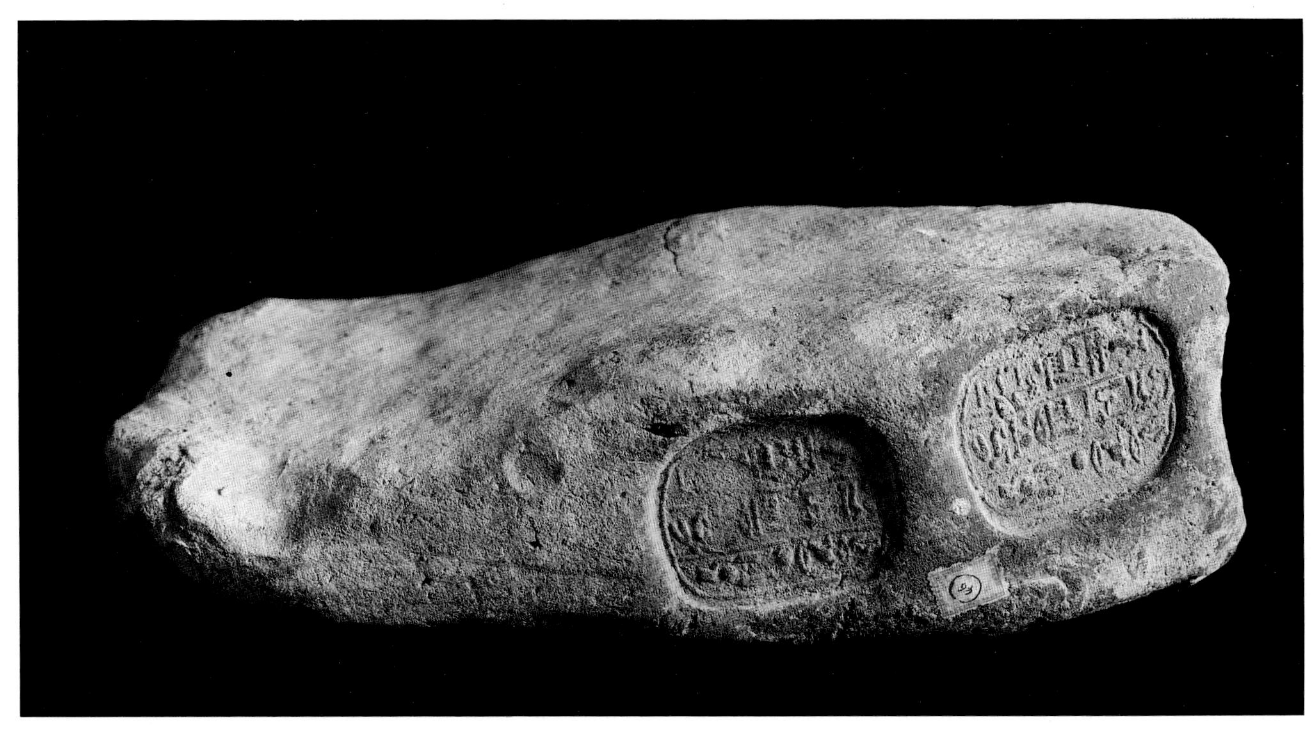

Abb. 9 Grab des Nacht. Keilförmiger Eckziegel (Grabkegel) mit dreifachem Stempeleindruck

rung, die der Wandfläche einen einheitlichen Mittelton verleiht und gleichzeitig, da sie die Saugfähigkeit des Gipses herabsetzt, einen regelmäßigeren Farbauftrag ermöglicht.

Ein System von senkrechten und waagerechten Geraden legt nun die Wandgliederung fest, also zunächst die Rahmungselemente und Register der Wand und die Aufteilung der Decke. Im gleichen Zug werden für die großfigurigen Darstellungen des Grabinhabers und seiner Frau Quadratnetze (vgl. S. 79) als Hilfsliniensystem aufgezeichnet, an dem sich der Maler bezüglich der Größenverhältnisse der Figuren orientieren kann. Die Unregelmäßigkeiten in der Anlage dieser Quadratnetze zeigen schon, daß dieses System in den Privatgräbern eher als grobes Kontrollraster fungiert denn als absolut verbindlich einzuhaltender Proportionskanon. Für die kleinfigurigen Darstellungen, z. B. die Reihen von Opferträgern, werden in stark vereinfachter Methode nur mehr Achsenkreuze als Hilfslinien vorgezeichnet, die z. B. Schulter- und Kniehöhen und die senkrechte Mittelachse des Körpers angeben. Diese Geraden in roter Farbe werden mit Hilfe eines Lineals oder mit der Schnurzugtechnik hergestellt, bei der ein in Farbe getauchtes Seil zwischen die beiden Endpunkte einer Geraden gespannt und gegen die Wand geschnellt wird.

Bereits bei diesen ersten Vorarbeiten muß das Konzept der Szenenverteilung festliegen, d. h. Auswahl der Szenen, deren Plazierung und flächenmäßiger Umfang. Auf die Festlegung der Registerhöhen und -längen folgt mit roter Farbe die Vorzeichnung der Personen und der weiteren Bildgegenstände in diese nun abgeteilten Einzelformate. Nicht alle Bildgegenstände müssen vorgezeichnet werden, das zeigt die Ausführung einiger Vögel in der Szene »Jagd im Papyrusdickicht« (S. 58), die der Maler mit unglaublich sicherer Hand und lockerer Pinselführung sogar als Teile eines relativ komplizierten Kompositionszusammenhangs direkt in die Farbflächen aufsetzte. Dieses Einsetzen der Farbflächen innerhalb der – üblicherweise – vorgezeichneten Kontur und das Ausmalen des Hintergrundes mit weißer Farbe außerhalb der Kontur bilden die nächsten

Malstufen, die einander abwechselnd, manchmal in mehreren Schichten, ausgeführt werden. Innerhalb der Figuren erfolgt dann die Detailarbeit, d. h., es können mit feinem Pinsel Strukturen aufgebracht werden, die die Oberfläche oder Zusammensetzung des jeweiligen Gegenstandes klären. Dies ist besonders schön an den Frisuren und Schmuckgegenständen der Frauen, vor allem aber bei den verschiedenen Opfertischen und -aufbauten zu beobachten, wo das Gefieder der Vögel, das Geflecht der Körbe, die Maserung von Steingefäßen, die verschiedenen Obst- und Gemüsesorten treffend charakterisiert werden. Das Können des Malers demonstriert sich gerade in dieser Malstufe in einer offenen, variantenreichen Pinselführung, die mit feinsten Linien, an- und abschwellenden Strichen, mit Tupfen und Flecken arbeitet, auch Farbverläufe und Lasuren einsetzt, um z. B. bei den Damen im Gastmahl (S. 48/49) die gefältelten, farbig getönten Kleider wiederzugeben. Auch Ausnahmen von der üblichen Farbabfolge Dunkel nach Hell sind zu beobachten, z. B. in der Worfelszene (S. 37), wo ein graubrauner Hintergrund eingefügt wurde, um mit weißen Punkten die fliegende Spreu kennzeichnen zu können und das Trennen von Spreu und Korn damit besonders markant zu gestalten. Der letzte Schritt des Malvorganges ist es dann, mit rotbrauner Farbe in feiner Linie die Konturen der Figur und die der größeren Binnenfläche zu betonen.

Der Grad der Fertigstellung der Bilder zeigt, daß man sich eine Wand nach der anderen vornahm, dabei jeweils Stufen eines Arbeitsganges erledigte, dies jedoch nicht immer konsequent. Manchmal fehlen noch die letzten Stufen der Arbeit, Binnenzeichnung oder abschließende Kontur.

An Farbpigmenten werden die für die thebanischen Gräber üblichen Materialien eingesetzt. Weiß: Calcit, Calciumsulfate sowie Huntit; Schwarz: Ruß; Gelb-, Rot- und Brauntöne: natürlicher Ocker; Blau und Grün: synthetisch hergstellte Pigmente mit mehr Anteil Cuprorivait (blau) oder Wollastonit (grün).

Die Frage des Bindemittels kann mit den heutigen Analysemethoden nicht endgültig geklärt werden. Farbeigenschaften, wie z. B. Wasserlöslichkeit oder -unlöslichkeit etc., legen den Gebrauch organischer Bindemittel wie Gummiarabikum, Leim, aber auch Wachs in Emulsionen mit wechselnden Mischungsverhältnissen nahe. Das Farbmaterial ermöglicht einen sehr variablen Farbauftrag mit deckenden Flächen und schichtenweisen Lasuren, das Arbeiten mit breitem Pinsel, aber auch mit malerischen oder eher graphisch linearen Strukturen.

Im Verhältnis zur Raumgröße des Grabes wurde mit den relativ kostbaren Blau- und Grüntönen recht großzügig umgegangen, sie sind in alle Szenen eingestreut, bei dem Motiv Jagd im Papyrusdickicht (S. 56–58) wird sogar, was ganz ungewöhnlich ist, der gesamte Hintergrund grün ausgemalt und ein dicker blauer Wasserbalken eingesetzt, auch die Schrift wird in Blau ausgeführt. Auffallend sind die feinen Farbvariationen vor allem im Bereich der Blau- und Grüntöne, erzielt über Verdünnen oder Abmischen der Ausgangsfarbe. Auch die gemischten Töne behalten ihre frische, klare und intensive Wirkung. Die Farbvariationen sind ebenso im Bereich der Ockertöne festzustellen, die von hellem Gelb bis Dunkelrot und diversen Brauntönen reichen. Die Inkarnatsfarben der Männer und Frauen variieren sehr fein nach hell und dunkel, nicht nur dann, wenn dies zur Unterscheidung der Einzelfiguren bei Staffelungen dienen soll. Das Inkarnat der Frauen reicht von hellstem wäßrigen Ockerton bis zu kräftigem Braun. Durch die immer wechselnden Abmischungsverhältnisse wird eine sehr reiche Palette von Farbtönen erzielt, was insgesamt eine vibrierende, oft sogar plastische, und keineswegs flache, optische Wirkung zur Folge hat (z. B. Gruppe der Musikantinnen, vgl. S. 52). A. Sh.

Wandgliederung und Bildanalyse

Ein Sockel bildet den unteren Abschluß der Wände, er ist hier noch in der hellen Tünche gehalten, hätte aber wie üblich in Schwarz ausgeführt werden müssen. Sockel und Darstellungen werden von einem breiten roten und gelben Streifen getrennt, hier nur an der rechten Rückwand fertiggestellt. Rechts, links und oben bilden gestreifte, schwarzgeränderte Bänder, die sogenannten Farbleiter, in der Farbabfolge Grün – Ocker – Blau – Rot mit schmalen weißen Zwischenstreifen eine Abgrenzung. Die senkrechten Farbleiter zweier aneinandergrenzender Wände werden durch ein schmales, in schwarz-weißer Farbgebung ausgeführtes Flechtmuster verbunden. Den oberen Abschluß der Wand bildet der sogenannte Cheker-Fries in traditioneller Form (z. B. S. 56/57).

Die Gestaltung der Decke ahmt eine von Holzbalken

getragene und in Felder untergliederte bunte Mattenverkleidung nach, deren Vorbild in der Wohnarchitektur zu suchen ist (S. 82). Relativ schlichte Deckenmuster werden hier verwendet, wie es für die Zeit unter Thutmosis IV. typisch ist. Vom Grabeingang zum Durchgang zum Längsraum zunächst ein einfaches Zickzack-Muster, in der Farbfolge Rot – Blau – Grün jeweils mit weißen Zwischenstreifen. Die Decke der beiden Hälften des Querraums wird jeweils in der Mitte längs des Raumes von einem ockergelben Streifen geteilt und an allen Rändern mit diesem Streifen gerahmt. Zwei verschiedene Muster werden in die Rahmung gefüllt. Beim ersten handelt es sich um ein Muster, das aus gegeneinander versetzten, auf die Spitze gestellten Quadratreihen besteht; in die weißen oder ockerfarbenen Quadrate werden diagonal gestellte Rosetten und Punkte eingesetzt. Die Zwischenreihen werden mit Zickzack-Bändern versehen. In einem der vier Felder erscheint eine Kombination der beiden oben geschilderten Deckenmuster, blau-rot-grüne Zickzack-Bänder wechseln mit einer ockerfarbenen, auf die Spitzen gestellte Quadratreihe ab.
Alle Wände sind im Prinzip durchlaufend vierregistrig angelegt, dieses Schema ist jedoch so vielfältig unterbrochen, aufgelockert und abgewandelt durch Einfügen großer Figuren, Zusammenziehen von zwei oder drei Registern zu einem Großregister, Höhenverschiebungen usw., daß es nicht mehr als Regel empfunden, sondern vielmehr nur noch als kompositionelles Grundgerüst gewertet werden kann. Das unterste Register läuft, wenn auch mit kurzen Unterbrechungen, über die gesamte Wandlänge der einzelnen Formate durch.
Das Grundprinzip der kompositionellen Anordnung der Figuren ist es, alle Darstellungen auf den Grabherren selbst zu beziehen. Dies geschieht einmal mittels Hervorhebung seiner Darstellungen durch den Einsatz eines doppelten, dreifachen Größenmaßstabs im Vergleich zu untergeordneten Figuren. Ein zweites und ebenso wichtiges Moment ist es, die Bewegungsrichtungen auf die Darstellungen des Grabherrn zuzuführen; das geht so weit, daß z. B. nicht nur die Gabenträger auf ihn zugehen, sondern auch die Gaben selbst auf ihn hingewendet sind. Während der Grabinhaber in Darstellungen, in denen er den Göttern opfert oder in denen ihm geopfert wird, in das Geschehen direkt integriert ist, wird er in den anderen Szenen deutlich gerahmt, z. B. durch die Säulen eines Kiosk, und damit auch hervorgehoben und isoliert von den vor ihm dargestellten Tätigkeiten. Die Register, und darin die Einzelszenen, sind nicht nach einem chronologischen Tätigkeitsablauf geordnet, wesentlich ist vielmehr, daß die Bilder auf den Grabinhaber bezogen werden. In den oberen Registern werden die wichtigen Hauptthemen untergebracht, die unteren stellen Bereicherungen und Ergänzungen dar. Die großen Themenkreise werden in kleinere Handlungs-, Personen- oder Gegenstandsgruppen aufgeteilt. Diese kleinen Einzelszenen nun jeweils in sich zu schließen, sie andererseits aber auch wieder kompositionell miteinander zu verbinden und damit zu verhindern, daß die Gestaltung der gesamten Wand optisch in Einzelbilder auseinanderfällt, ist eine besondere Leistung des Malers dieses Grabes.
So können z. B. die beiden Teile der Eingangswand als Einheit, als ein Geschehen, verstanden werden; die Einzelszenen schließen sich zu einem Kreis, der Sicherstellung und Garantie des ewigen Opfers an die Götter. Antithetisch um die Eingangstüre angeordnet die beiden Brandopferszenen mit den Anhäufungen der Opfergaben, links anschließend die Gabenträger, rechts das Erzielen einer reichen Ernte durch die verschiedenen Arbeiten auf dem Feld, das Beobachten dieser Tätigkeiten durch den Grabinhaber. Die Türöffnung wird als Bestandteil der Szene integriert, weil sie den Ort bezeichnet, an dem der Grabinhaber mit den Göttern in Verbindung treten kann.
An der Eingangswand links wird eines der Kompositionsprinzipien des Malers besonders deutlich: die Abwechslung von strengem und aufgelockertem Aufbau und die Verflechtung dieser beiden Prinzipien. An dieser Wand werden zwei Themen zusammengefügt, das Brandopfer (S. 34/35), dessen Plazierung und Ausrichtung zum Eingang hin absolut festgelegt und vom Maler auch sehr traditionell und blockhaft streng angelegt ist, und die Szenen von Feldarbeit und Ernte, die mit Auflockerungen und neuen Motiven bereichert sind. Die Brandopferszene, die über die drei oberen Register reicht und in der Horizontalen ungefähr die Hälfte der Wand einnimmt, wird allein schon durch den unterschiedlichen Größenmaßstab der Figuren deutlich abgetrennt von der zweiten Thematik. Feldarbeit und Ernte werden in den beiden oberen Registern rechts sehr deutlich zusammengeschlossen durch den gerundeten oberen Abschluß der Worfelszene und bilden so eine optische Barriere zur Brandopferszene. Abgemildert wird die senkrechte Trennung der beiden

Abb. 10 Grab des Nacht. Blinder Harfner (Ausschnitt von der linken Rückwand)

großen Szenen dieser Wand durch die beiden Mädchen im dritten Register von oben, die sich durch ihre Bewegungsrichtung auf das Grabinhaberpaar beziehen. Durch andersfarbigen Hintergrund, aufwendigere Tracht und Frisur werden sie offensichtlich nicht als Arbeiterinnen dargestellt. Auch die Kornmesser (S. 38) im Register darüber geben mit ihrer Bewegungsrichtung nach links einen allerdings durch die starken Eingrenzungen dieser Szene nicht so kräftigen Bezug zum Brandopfer.

Die Szenen des unteren Registers dieser Wand spielen in der Landschaft. Der Maler setzt als senkrechten Abschluß der Komposition an den linken Rand einen Baum. Der unter dem Baum kniende Arbeiter gibt mit

Abb. 11 Grab des Nacht. Arbeiter beim Worfeln von Getreide (Ausschnitt von der linken Eingangswand)

Körper- und Armhaltung bereits die Richtung zum am rechten Registerende sitzenden Grabinhaber an. Das unter dieser kleinen Szene aufgebaute Stilleben mit einem Gefäß und zwei Körben festigt den Einstieg in das Bild. An der Baumspitze beginnt ein Streifen, der zwar einerseits als Registerlinie zu sehen ist, durch seine gewundene, gekurvte, sogar nochmals geteilte Ausformung aber auch als Weg empfunden werden kann. Hier wird eine neue Form der Registerbildung benutzt, die ansonsten nur bei der Thematik Wüstenjagd zu beobachten ist. Diese Registerlinie schlängelt sich durch das Hauptregister, wiederholt dabei die Höhenlinien der dargestellten Figuren, teilt sich, um einen kleinen Teich zu umschließen, wiederholt dann in nur fast symmetrischer Form den Verlauf von links herein. Die Linie dient als Standlinie für fünf Arbeiterfiguren und verschiedene Bäume, Büsche und Gestrüpp.

Der lange Registerstreifen mit relativ vielen Personen ist noch durch weitere kompositorische Maßnahmen in sich gegliedert. Verschiedene Tätigkeitsbereiche auf dem Feld werden klar voneinander abgegrenzt und in sich abgerundet, etwa durch Wechsel der Bewegungsrichtung, Einsprengsel wie Bäume etc.; das Roden, Hacken, Pflügen und Säen werden als Einzelszenen aufgeführt. Ein optisches Zentrum wird hergestellt um den Baum auf der unteren Registerlinie durch die symmetrisch angeordneten Rinderpaare. Doppelt so viele Figuren beziehen sich mit Gestus, Haltung und Bewegung auf die Darstellung des Grabinhabers als auf die entgegengesetzte Richtung. Die Bewegungen nach links werden auch stärker gebremst und sind in sich geschlossener, wie z. B. bei dem pflügenden Bauern rechts, beim Pflügenden links dagegen wird die Blickrichtung durch den weit ausgestreckten Arm, durch die fliegende Peitsche, durch Hörner und hochgereckten Kopf des Rindes, sogar noch durch den Schwanz des Tieres betont.

In den drei kurzen Registern darüber findet durch die Darstellung von Ernten, Worfeln und Kornmessen (S. 37–39) eine Erweiterung der Feldarbeiten statt. Hier gestaltet sich das Beziehungsgeflecht der Bewegungslinien für den Maler noch komplizierter, da sowohl der im Kiosk sitzende Grabinhaber rechts als auch das stehende Grabinhaberpaar der großen Brandopferszene links zu berücksichtigen sind. Sehr geschickt wird in jedes dieser kurzen Register ein Zentrum gefügt. Im zweiten Register von unten ist dies das Motiv des Zusammenpressens der gesammelten Ähren im Korb, nach links wendet sich davon ab die Gruppe der sogenannten Flachspflückerinnen (Frontispiz), nach rechts in knappster Form die Gruppe der Schnitter mit einer Staffelung von drei Mähern und einer Ährensammlerin.

Der Fortlauf des Geschehens wird in den beiden oberen Registern gezeigt, die zweifach zu einer Einheit geklammert werden. Zum einen durch die sich über die beiden Register erstreckende Darstellung des im Kiosk sitzenden Grabinhabers, zum anderen durch die auffällige und ganz außergewöhnliche Hintergrundfläche der oberen Szene in Form eines Halbkreises, deren dunkle Tönung durch einen deutlichen Farbkontrast besonders sinnfällig die Darstellung des Trennens des Korns und der Spreu ermöglicht. Dabei fallen die

Abb. 12 Grab des Nacht. Arbeiter beim Verstauen von Kornähren (Ausschnitt von der linken Eingangswand)

Abb. 13 Grab des Nacht. Alter Bauer beim Pflügen (Ausschnitt von der linken Eingangswand)

schweren orangegelben Körner senkrecht nach unten, die weiße Spreu wird schräg verweht. In diesem obersten Register ist das Zentrum die Symmetrieachse der Komposition, um die die beiden Paare von jeweils drei Worflern (Abb. 11) geordnet sind. Die Symmetrie wird abgemildert durch zwei sich zum Boden bückende Helfer, dadurch wird zum einen auch der komplette Bewegungsablauf der Tätigkeit deutlich gemacht, zum anderen das Teilformat interessant gefüllt und eine flächenartige Wirkung erzielt, die das Aufwirbeln des Korns verdeutlicht. Gekrönt wird die Szene von einer Opferschale und dem Ährengeflecht, einem Symbol der Erntegöttin.

Die die gesamte Thematik abschließende Handlung, das eigentliche Ergebnis der vorhergehenden Arbeiten, das Messen des Getreides, wird auf derselben Höhe und Registerlinie wie der sitzende Grabinhaber dargestellt. Der Kornhaufen wird in Form der Berghieroglyphe wiedergegeben, um die überreichte Ernte zu symbolisieren. Das Zentrum dieses Registers sind die drei Kornmesser, die sich nach rechts zum Brandopfer orientieren.

Die beiden Schmalwände mit den Darstellungen von Scheintür (S. 42) und dem Opfer vor dem Grabinhaberpaar (S. 74) sind Beispiele für sehr traditionell und streng aufgebaute Kompositionen. Absolut symmetrisch ausgerichtet ist die Scheintürwand. Die rote Granitarchitektur wird im darunterliegenden Register durch die symmetrische Anordnung der beiden Baumgöttinnen um einen reichen Opfergabenaufbau optisch gestützt.

Die rechte Rückwand (S. 56/57) wird zu zwei Großregistern zusammengefügt, das zugrundeliegende vierregistrige Schema wird oben nur mehr in den zwei übereinandergeordneten Dienergruppen erkennbar. Wieder müssen mehrere Themen an einer Wand untergebracht werden, wobei die beiden Großregister links jeweils mit einem sitzenden Grabinhaberpaar und reichen Speisenaufbauten vor ihnen beginnen. Mit welch sicherem Augenmaß und geschulter Hand der Maler in der Komposition vorgeht, zeigt die senkrechte Aufgliederung dieser Wand, die exakt nach dem Goldenen Schnitt erfolgte. Die längere Strecke der Teilung wird oben eingenommen von der Darstellung des Papyrusdickichts mit Fischestechen und Vogelfang, unten von Weinherstellung und Vogelfang mit dem Klappnetz und den zwei Gabenträgern davor.

Bei der Jagd im Papyrusdickicht wird der Grabinhaber, jeweils auf einem Boot, antithetisch um einen Wasserberg mit zwei Fischen gruppiert, dargestellt. Eine Besonderheit stellt die Gestaltung des Dickichts dar, das sich als Hintergrund unter der gesamten Szene findet, üblich ist nur ein schmaler Streifen von Papyruspflanzen, der zwischen den beiden Darstellungen des jagenden Grabinhabers eingesetzt wird. Während das Papyrusdickicht selbst im oberen Abschluß sehr traditionell mit seinen absolut gleichmäßigen Reihen von Dolden ausgeführt ist, wird mit recht hellen und leicht wirkenden Schilfblättern, -rispen und -dolden der Hintergrund aufgelockert. Die darüber auffliegenden Vögel (S. 59) sind relativ streng entlang der Diagonalen des kleinen Bildformats zwischen den senkrechten Hieroglyphenzeilen angeordnet; die Schrägen der Bilddiagonalen werden mit den Bewegungsrichtungen der Vogelkörper oder -flügel immer wieder aufgenommen, so daß ein lebendiges und bewegtes Davonfliegen deutlich gemacht wird. Gleichzeitig verleiht eine gewisse Symmetrie in der Verteilung der Vögel der Komposition Festigkeit, zu sehen zum Beispiel bei den beiden auffliegenden Vögeln oben rechts und links und bei den sich wieder nach außen wendenden, auf den Nestern hockenden unten. Bei den Malereien der gesamten Wand fehlen teilweise noch Innenzeichnungen (bei Fischen, Vögeln etc.), Umrißlinien (Tochter links) und einige der in Schwarz auszuführenden Details, somit kann auch die in der Hand des fischestechenden Grabherrn fehlende Harpune nicht ohne weiteres als vergessen gedeutet werden (S. 61).

Die beiden Registerabschnitte darunter sind wiederum sehr ausgeklügelt nach einem System von Bewegungsrichtungen aufgebaut. Die kleinen Szenen von Weinherstellung und Vogelfang (S. 66/67) sind in drei Handlungsgruppen untergliedert, beide nicht chronologisch abfolgend, sondern der Komposition untergeordnet. Sie werden rechts und links abgeschlossen mit strengen und markanten Aufbauten, zwischen diesen beiden Eckpfosten der Komposition wird ein lockeres Bewegungs- und Richtungsspiel veranstaltet, das es einerseits ermöglicht, die Details einzelner Unterszenen logisch aufeinander zu beziehen, andererseits durch Einfügen von bewußten Gegenrichtungen, Beziehungen zwischen den Unterszenen und sogar zwischen den beiden Registern zu knüpfen.

Im oberen der beiden Register sind deutlich in sich abgeschlossen rechts die Weinernte durch das Umschließen der Szene mit Ranken, links die Gruppe der Kelterer, um die der Weinbottich mit seiner Architektur aus Papyrussäulen und Abdeckung insgesamt ein Rechteck formt. Die mittlere Szene des Weinabfüllens wird durch das Einfügen eines Unterregisters mit Amphoren deutlich abgesetzt (S. 68).

Ganz ähnlich aufgebaut ist die Vogelfang-Szene darunter: Das Papyrusdickicht rechts ist als »undurchdringliches«, dicht geschlossenes Rechteck ausgebildet, am oberen Abschluß mit drei Reihen von verschieden weit geöffneten Papyrusdolden. Dies bildet einen absolut ruhigen Hintergrund für die kleine Wasserfläche, die fast ganz vom Klappnetz abgedeckt wird. In überzeugendem Kontrast dazu das chaotische Durcheinander der im Netz gefangenen Vögel (S. 72/73), das mit starken Überschneidungen, Vor- und Hintereinander, einem Gewirr von Richtungsbezügen, fächerartig angelegten Liniengruppen und dem farbigen Spiel fein abgemischter Töne erzielt wird. In schöner Entsprechung zur oberen Thematik bildet links wieder ein Rechteck kompositionell einen klaren Szenenabschluß, unter einem Holzgerüst, an dem die ausgenommenen und gerupften Vögel hängen, sitzt ein Arbeiter bei seiner Tätigkeit. Die mittlere Szene ist fast identisch im Aufbau zur oberen. Aufeinander bezogen werden die drei Einzelszenen durch Bewegungslinien; beginnend rechts bei dem halb im Papyrusdickicht versteckten Mann, der mit seiner Armbewegung unsere Aufmerksamkeit zunächst zur Dreiergruppe am Klappnetz leitet, der letzte dieser Gruppe führt die Bewegung weiter durch das Wenden des Kopfes nach links auf die mittlere Szene zu. Der Arbeiter, der die Vögel rupft, wendet sich wiederum dem, der die Vögel ausnimmt, zu, dieser schließt mit seiner nach rechts gebückten Haltung kräftig und eindeutig den Themenkreis ab, unterstützt durch das schon erwähnte rechteckige Gestänge. Eine Weiterleitung der Register und Zuführung auf das Grabinhaberpaar und die reiche Anhäufung von Gaben vor ihnen stellen die vier Gabenträger in den beiden Registern dar. Sie bewirken eine Verschränkung und Zusammenführung des Geschehens rechts durch die Art der Gaben, die sie tragen, Vögel nun oben, Trauben unten.

Auch die linke Rückwand mit der Thematik des »Schönen Festes vom Wüstental« (S. 46) wird zu zwei Großregistern zusammengefaßt, sie stellt eine Steigerung der Kompositionskunst des Malers dar. Grabinhaber und Frau sind, symmetrisch zur anschließenden rechten Eingangswand, vor Speisetischen und vor ihnen Opfernden sitzend, zu Beginn der beiden Register abgebildet. Diese Darstellungen nehmen mehr als die Hälfte des Wandformats in Anspruch. Am linken Rand werden in vier Registern die Gäste, die sich jeweils nach rechts auf das Grabinhaberpaar hin orientieren, aufgenommen, in den unteren beiden zunächst Damen, dann Herren in relativ schematischer Form mit nur leichten Abstandsveränderungen, eine statische Reihung.

Die Damen im Register darüber, kombiniert mit dem singenden Harfner, werden dagegen in sehr lockerer und raffinierter Weise zusammengestellt, nicht umsonst ist dies eine der bekanntesten Szenen des Grabes (S. 48/49). Der Harfner rechts hockt mit untergeschlagenen Beinen, die Rundung des Instruments gibt die Richtung zum Grabinhaber an. Der gebeugte Rücken des Musikanten variiert den Verlauf der Rundung, betont aber zugleich noch einmal die angegebene Richtung. Die Saiten des Instruments deuten einen senkrechten Abschluß der Unterszene an. Zwar durch ihre aufrechte Haltung distanziert, durch die leichte Überschneidung mit dem Knie, durch Blickrichtung und Armhaltung auch wieder verbunden, folgt die erste Dame der Gästegruppe. Halb verdeckt von ihr die zweite Dame als Begleitfigur, die durch Rückwärtsdrehen des Kopfes und durch die Armhaltung die Verbindung zur restlichen Gruppe herstellt. Die Besonderheit dieser Figur liegt darin, daß ihre Rückenlinie parallel gestaffelt erscheint (nicht wie sonst üblich der vordere Umriß) und daß sie als die hintere Figur einer Staffelung die Haltung verändert (und nicht wie üblich der Vorderste solch einer Gruppe). Ihr erhobener Arm

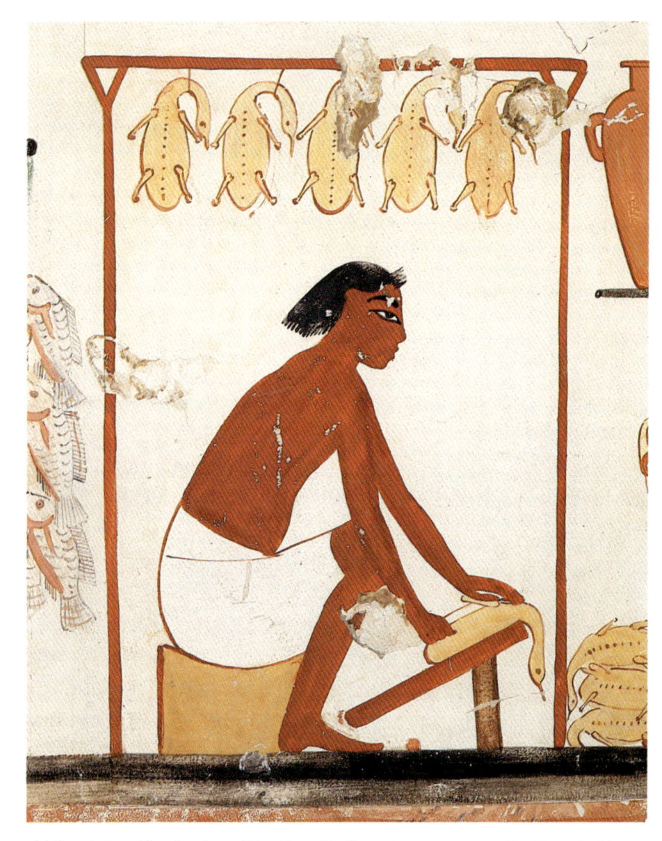

Abb. 14 Grab des Nacht. Zubereitung von Geflügel (Ausschnitt von der rechten Rückwand)

wird von einer ihr zugewandten Dame ergriffen, die ihren zweiten Arm zur links folgenden Vierergruppe streckt. Diese mittlere Dame wird mit deutlichem Abstand zu den beiden Gruppen rechts und links eingefügt. Ihre vor dem Körper verschränkten Arme stellen einen raffinierten Kunstgriff des Malers dar, die in interessante und im Umfang wechselnde Gruppen gegliederte Szene wieder miteinander zu verbinden. Weiter nach links bildet das stehende Mädchen eine Zäsur, die aber durch den stark gebeugten Oberkörper und die weit nach links gestreckten Arme gleichzeitig die Armbewegung der mittleren Figur aufnimmt und weiterleitet. Relativ klassisch und nach dem überkommenen Kanon gefügt ist die abschließende Staffelung der drei Damen, die mit ihren betont senkrechten und waagerechten Körperachsen einen kräftigen, massiven

und blockartigen Abschluß der Szene formen. Typisch für den Maler des Grabes ist es auch, daß dieses traditionelle Schema nun wenigstens durch verschiedene Armhaltungen gemildert wird.
Die ruhige Anordnung der Gäste in den unteren beiden Registern bereitet vor auf die Gruppe der Musikantinnen, eine der berühmtesten Darstellungen der thebanischen Privatgräber (S. 52). In dieser Gruppe zeigt sich die besondere Kombinations- und Erfindungsgabe des Künstlers. Die drei Musikantinnen stehen dem Grabinhaberpaar zugewendet. Das Instrument des ersten Mädchens rechts, die große Harfe, verleiht durch die sich nach oben verjüngende und nach rechts gebogene Form der Szene einen sehr starken Zug auf das Grabinhaberpaar hin, was sich direkt im Register darüber bei der Darstellung des blinden Sängers beinahe parallel wiederholt. Nicht nur die Armhaltung dieser Harfnerin, sondern auch die der beiden anderen Musikantinnen und der lange Lautenhals betonen die angegebene Richtung, wobei aber ein sehr interessantes Spiel mit verschiedenen Schrägen und Winkeln angestellt wird. Die beiden äußeren Figuren bilden durch ihre senkrechten Körperachsen und durch die weiten weißen Kleider eine kräftige Rahmung der Gruppe. Das unbekleidete mittlere Mädchen stellt mit ihrer braunen Körperfarbe einen auffallenden Kontrast her. Die Überschneidungen dieser Figur mit den beiden Randfiguren durch Arme, Instrument und Fuß stärken die Bindung der drei Mädchen zu einer Gruppe. Durch ihre Rückwärtswendung bezieht sie auch die am linken Formatrand sitzenden Gästegruppen in das Geschehen mit ein. Die grazile Körperhaltung des mittleren Mädchens gibt im Gegensatz zur strengen der beiden Randfiguren eine lockere Tanzhaltung wieder. Diese Wirkung entsteht durch fein aufeinander abgestimmte Verschiebungen der Körperachsen, es lohnt sich, dieses Spiel der Linien einmal genauer zu analysieren: Der Kopf wird aus der Senkrechten nach unten geneigt, die Schulter senkt sich über dem abgewinkelten Bein aus der Waagerechten, dieselbe Neigung wird noch einmal aufgenommen und damit verstärkt durch die Lage des Instruments und den Verlauf des Unterarms. Eine betonte Gegenrichtung wird durch den farbigen Beckengürtel und dazu parallel die Lockensträhnen über ihrer Schulter eingefügt. Die gesamte Mittelachse des Körpers vom Salbkegel auf dem Scheitel bis zur Ferse ihres linken Fußes ist schräg, das abgewinkelte Bein stützt optisch die ganze Figur wieder ab. Bei dieser Figur läßt sich ein raffiniertes Spiel mit Formwiederholungen und -kontrasten beobachten. Während einerseits Rundungen rhythmisch wiederholt werden (Scheitel, Stirnband, Halskragen, runder Instrumentenkörper, Schnur, die weichen Körperrundungen, deren Darstellung durch das Fehlen des Kleides ermöglicht wird), stehen dazu in strengem Formkontrast die Geraden von Unterschenkel und hinterem Umriß der Perücke, noch dazu in Gegenrichtung zueinander; weitere Winkel werden durch die Haltung der Unterarme eingefügt.

Ikonographische Details

Während die geschilderten maltechnischen und kompositorischen Besonderheiten des Grabes im Vergleich mit weiteren thebanischen Gräbern eine zeitliche Einordnung ans Ende der Regierungszeit Amenophis' II. und in die frühe Thutmosis IV.-Zeit nahelegen, kann die Beobachtung kleinerer ikonographischer Details diese Zuordnung noch weiter erhärten.
Gerade die dargestellten Kleider- und Perückenformen, insbesondere die der Frauen, sind diesbezüglich sehr ergiebig, da sie in der 18. Dynastie offensichtlich einem raschen Wandel unterworfen waren und das Nebeneinander verschiedener Moden oder das Auftreten neuer Varianten im Zusammenspiel mit weiteren Kriterien gute Rückschlüsse auf eine zeitliche Einordnung zulassen. Bei den Frisuren der Frauen ist die strenge und traditionelle Form der dreiteiligen Perücke bezeichnenderweise nur mehr bei der Darstellung der Baumgöttin an der Schmalwand links verwendet worden (vgl. S. 44, 45). Ansonsten sind im Grab vor allem die einteilig geschlossenen, über die Schulter reichenden Perücken vertreten, allerdings in zahlreichen Varianten mit geflochtenen und gelockten Strähnchen, das untere Ende vielleicht auch in feine Zöpfchen aufgelöst (vgl. S. 36). Öfter dargestellt ist auch eine in verschiedenen Längen vorkommende Perücke, insgesamt aus dünnen Zopfchen- oder Löckchensträhnen bestehend, die z. T. das Ohr frei läßt oder bei der einzelne kürzere Strähnen über den Scheitel fliegen (vgl. S. 53). Gerade diese Kombinationen und Varianten sind typisch für die Übergangszeit von Amenophis II. zu Thutmosis IV.
Auch bei der Kleidung der Frauen erscheint wieder nur einmal an der Baumgöttin die traditionelle enganliegende Form mit geradem Abschluß an den Knöcheln (S. 44). Bei allen großfigurigen Darstellungen der Frau

des Grabinhabers und bei den Damen des Schönen Festes vom Wüstental findet sich die für die Zeit Thutmosis' IV. typische Mode: das anliegende Kleid, dessen Saum jedoch über die Ferse bis zum Boden gezogen ist, hier immer kombiniert mit einem weiten durchsichtigen Umhang, der einen Arm oder eine Schulter bedeckt und meist vor der Brust verknotet scheint. Die gelbliche Verfärbung der weißen Kleider ist ein weiteres Einordnungskriterium für den genannten Zeitraum (S. 48/49).

Der Grabinhaber dagegen wird in relativ konservativer, wenig geschmückter Kleidung abgebildet. Er trägt kein Hemd und wird nur in einer zweiten Variation mit über die Schulter gelegtem, glatten und durchsichtigen Schal vorgestellt, dessen Rand gefältelt ist. Der lange, durchsichtige Schurz und der keilförmige, außer in den Darstellungen im Papyrusdickicht noch relativ schmale Gürtel weisen eher in die Zeit Amenophis' II. Die stark gefältelten und gebauschten Männerröcke der späten Thutmosis IV.-Zeit erscheinen in diesem Grab überhaupt nicht.

Auch anhand einiger Schmuckdetails lassen sich weitere Einordnungskriterien ausmachen: die breiten Stirnbänder der Frauen mit den vorne angebrachten hängenden (und nicht waagerecht abstehenden) Lotosknospen oder -blüten (S. 50–54), der relativ hohe Salbkegel, die im Vergleich zur frühen Amenophis II.-Zeit zahlreicher werdenden Armreifen, die großen Scheibenohrringe (S. 50), dies sind alles relativ neue Elemente.

Auch das Haltungsmotiv der sitzenden Frauen gibt einen wichtigen Hinweis: der im 45-Grad-Winkel aufgestellte Oberschenkel deutet auf die Zeit Ende Amenophis II. bis Beginn Thutmosis IV. (S. 48/49). Später wird dieses Motiv stärker gerundet, der Oberschenkel immer weiter zum Boden gerückt, so daß die Haltung dann mehr einem Schneidersitz ähnelte. Allgemein ist bei allen Darstellungen die relativ weiche Rundung der Körperformen zu beobachten. A. Sh.

Der Maler des Grabes

Bei dem Maler dieses Grabes haben wir es also mit einem Künstler zu tun, der mit den Traditionen der Amenophis II.-Zeit sehr gut vertraut ist, in seinem Malstil aber zugleich fortschrittlichere Elemente und Innovationen zeigt, die in die Zeit Thutmosis' IV. weisen.

Abb. 15 Grab des Nacht. Hauskatze mit Fisch (Ausschnitt von der linken Rückwand)

Die gute Beobachtungsgabe dieses Malers demonstriert sich in vielen außergewöhnlichen Bewegungsmotiven wie dem tief über seinen Pflug gebeugten alten Bauern (Abb. 13) oder der tanzenden Lautenspielerin, auffallend hierbei die filigranen Handbewegungen z. B. der Musiker, aber auch ebenso die des Arbeiters, der die Gänse rupft (Abb. 14).

Besonders spricht uns die treffende Typisierung der verschiedenen Personen an, die formelle, kanonische Strenge des Grabinhabers in stärker religiös geprägten Szenen, die grazile Ästhetik der Musikantinnen und der Damen im Gastmahl. Wo das Thema es erlaubt und wo es möglich ist, menschliche, zuweilen schon fast karikierende Züge einzubringen, investiert der Maler eine Fülle von Neuerungen und gewitzten Ideen, z. B. die struppigen Frisuren, die kleinen Bauchansätze bei den Arbeitern der Weinherstellung (S. 69, 70) oder die Bauchfalten des Harfners (Abb. 10). Seine Erfindungsgabe zeigt sich auch in kleinen Genreszenen oder auch nur in der Verwendung neuer Motive wie

etwa der Worfler mit ihren Kopftüchern (Abb. 11), die bis zu den Knöcheln im Getreide stehen, oder dem kraftvollen Zusammenpressen der gesammelten Ähren im Korb (Abb. 12, S. 39). Der Maler findet ganz eigenständige Lösungen, verschiedene Umgebungen zu charakterisieren, die freie Landschaft, der undurchdringliche Block des Papyrusdickichts, der locker gefügte Weinberg, die Hintergrundfläche der Worfelszene.
Mit kompositionellen Kunstgriffen schafft es der Maler, Unterhaltung, Verbindung zwischen den Figuren herzustellen. Er arbeitet mit starken Überschneidungen und Verdeckungen (Kommandogeber beim Vogelfang im Papyrusdickicht, S. 66/67), mit Abwandlung bei den Figurengruppen hinsichtlich der Abstände, so daß Staffelungen in strenger und aufgelockerter Form, Reihungen und ganz individuelle Gruppierungen entstehen. Nicht zuletzt demonstriert sich sein künstlerisches Können in einer höchst sensiblen, freien Pinselführung.
Da sich die Malereien in Pinselduktus, Farbigkeit, aber auch kompositionell in sehr einheitlichem Stil präsentieren, läßt sich vermuten, daß ein einzelner Künstler ihr Schöpfer war. Damit wäre das Grab des Nacht eines der wenigen thebanischen Gräber, dessen Malereien als Kunstwerk eines einzelnen Meisters entstanden sind.

A. Sh.

Chronologische Übersicht über die Geschichte Ägyptens

nach: W. Helck, Geschichte des alten Ägypten, Leiden–Köln 1981[2]

VORGESCHICHTE			bis um 3000 v. Chr.
FRÜHZEIT, 1./2. Dyn.	Thiniten-Zeit		um 2925–2657 v. Chr.
ALTES REICH, 3.–6. Dyn.	Pyramiden-Zeit		um 2657–2154 v. Chr.
1. ZWISCHENZEIT, 8.–10. Dyn.			
	8. Dyn.		um 2154–2137 v. Chr.
	9./10. Dyn. Herakleopolitenzeit		um 2137–2030 v. Chr.
MITTLERES REICH, 11./12. Dyn.			
	Reichseinigung Mentuhotep II.		um 2030 v. Chr.
	12. Dyn.		um 1994–1781 v. Chr.
2. ZWISCHENZEIT, 13.–17. Dyn.			um 1781–1542 v. Chr.
	13. Dyn.		um 1781–1650 v. Chr.
	15./16. Dyn. Hyksos-Zeit		um 1650–1542 v. Chr.
	17. Dyn.		um 1650–1542 v. Chr.
		Kamose	um 1545–1542 v. Chr.
NEUES REICH, 18.–20. Dyn.			um 1542–1069 v. Chr.
	18. Dyn.		um 1542–1295 v. Chr.
		AHMOSE	1542–1517 v. Chr.
		AMENOPHIS I.	1517–1496 v. Chr.
		THUTMOSIS I.	1496–1482 v. Chr.
		THUTMOSIS II.	1482–1479 v. Chr.
		HATSCHEPSUT	1479–1458 v. Chr.
		THUTMOSIS III.	1479–1426 v. Chr.
		AMENOPHIS II.	1428–1402 v. Chr.
		THUTMOSIS IV.	1402–1392 v. Chr.
		AMENOPHIS III.	1392–1355 v. Chr.
		AMENOPHIS IV.	1355–1338 v. Chr.
		SEMENCHKARE	1338–1336 v. Chr.
		TUTANCHAMUN	1336–1326 v. Chr.
		EJE	1326–1322 v. Chr.
		HAREMHAB	1322–1295 v. Chr.
	19./20. Dyn. Ramessiden-Zeit		1295–1069 v. Chr.
3. ZWISCHENZEIT, 21.–25. Dyn.			um 1069– 664 v. Chr.
SPÄTZEIT, 26.–30. Dyn.			664– 332 v. Chr.
PTOLEMÄER-ZEIT			332– 30 v. Chr.

Tafelverzeichnis

S. 34/35 Nacht und seine Frau beim Brandopfer, Feldarbeiten;
Linke Eingangswand (Ostwand).

S. 36 Die Dame Taui, Ehefrau des Nacht;
Ausschnitt von der linken Eingangswand (Ostwand).

S. 37 Arbeiter beim Worfeln von Getreide;
Ausschnitt von der linken Eingangswand (Ostwand).

S. 38 Kornmesser bei der Arbeit;
Ausschnitt von der linken Eingangswand (Ostwand).

S. 39 Zwei Arbeiter verstauen Kornähren in einem Korb;
Ausschnitt von der linken Eingangswand (Ostwand).

S. 40 Getreideaussaat, Baum mit Wassersack;
Ausschnitt von der linken Eingangswand (Ostwand).

S. 41 Alter Bauer beim Pflügen, Arbeiter beim Roden und Hacken;
Ausschnitt von der linken Eingangswand (Ostwand).

S. 42 Scheintür mit Gabenträgern;
Linke Schmalwand (Südwand).

S. 43 Kniender Gabenträger;
Ausschnitt von der linken Schmalwand (Südwand).

S. 44 Opferaufbau mit Baumgöttin (zweifach);
Ausschnitt von der linken Schmalwand (Südwand).

S. 45 Baumgöttin und Opferträger;
Ausschnitt von der linken Schmalwand (Südwand).

S. 46 Teilnehmer am »Schönen Fest vom Wüstental«;
Linke Rückwand (Westwand).

S. 47 Blinder Harfner;
Ausschnitt von der linken Rückwand (Westwand).

S. 48/49 Damen beim Festmahl, blinder Harfner;
Ausschnitt von der linken Rückwand (Westwand).

S. 50 Zwei Damen vom Festmahl;
Ausschnitt von der linken Rückwand (Westwand).

S. 51 Dame mit Lotosblüte;
Ausschnitt von der linken Rückwand (Westwand).

S. 52 Drei Musikantinnen beim Harfen-, Lauten- und Flötenspiel;
Ausschnitt von der linken Rückwand (Westwand).

S. 53 Flöten- und Lautenspielerin;
Ausschnitt von der linken Rückwand (Westwand).

S. 54 Harfenspielerin mit ihrem Instrument;
Ausschnitt von der linken Rückwand (Westwand).

S. 55 Hauskatze frißt einen Fisch;
Ausschnitte von der linken Rückwand (Westwand).

S. 56/57 Jagd im Papyrusdickicht, Weinlese, Kelter, Vogelfang und Zubereitung von Geflügel;
Rechte Rückwand (Westwand).

S. 58 Jagd im Papyrusdickicht;
Ausschnitt von der rechten Rückwand (Westwand).

S. 59 Auffliegende Vögel im Papyrusdickicht;
Ausschnitt von der rechten Rückwand (Westwand).

S. 60 Nacht und seine Familie bei der Vogeljagd;
Ausschnitt von der rechten Rückwand (Westwand).

S. 61 Der Grabherr und seine Familie beim Fischfang;
Ausschnitt von der rechten Rückwand (Westwand).

S. 62 Familienangehörige bei der Jagd im Papyrusdickicht;
Ausschnitt von der rechten Rückwand (Westwand).

S. 63 Der Grabherr bei der Jagd im Papyrusdickicht;
Ausschnitt von der rechten Rückwand (Westwand).

S. 64 Nacht und seine Frau Taui mit Opfergaben;
Ausschnitt von der rechten Rückwand (Westwand).

S. 65 Gabenträger und Opferaufbau;
Ausschnitt von der rechten Rückwand (Westwand).

S. 66/67 Ernte und Kelterung von Trauben, Vogelfang und Geflügelzubereitung;
Ausschnitt von der rechten Rückwand (Westwand).

S. 68 Arbeit in der Kelter, Weinamphoren;
Ausschnitt von der rechten Rückwand (Westwand).

S. 69 Zwei Männer bei der Weinlese;
Ausschnitt von der rechten Rückwand (Westwand).

S. 70 Traubenpflücker;
Ausschnitt von der rechten Rückwand (Westwand).

S. 71 Zubereitung von Geflügel;
Ausschnitt von der rechten Rückwand (Westwand).

S. 72/73 Eingefangene Vögel im Schlagnetz;
Ausschnitt von der rechten Rückwand (Westwand).

S. 74 Das Ehepaar an Opfertischen, Priester und Gabenträger;
Rechte Schmalwand (Nordwand).

S. 75 Nacht und seine Frau an Opfertischen;
Ausschnitt von der rechten Schmalwand (Nordwand).

S. 76/77 Nacht und seine Frau beim Brandopfer, Gabenträger;
Rechte Eingangswand (Ostwand).

S. 78 Das Herbeibringen von Opfergaben;
Ausschnitt von der rechten Eingangswand (Ostwand).

S. 79 Das Ehepaar beim Brandopfer;
Ausschnitt von der rechten Eingangswand (Ostwand).

S. 80 Taui, Frau des Nacht;
Ausschnitt von der rechten Eingangswand (Ostwand).

S. 81 Der Grabherr;
Ausschnitt von der rechten Eingangswand (Ostwand).

S. 82 Zwei Ornamentfelder;
Rechte (nördliche) Hälfte der Decke.

42

Fotonachweis

Metropolitan Museum of Art, New York
Abb. 3, 5, 6, 7, 8, 9

Roemer- und Pelizaeus-Museum (Peter Windszus), Hildesheim, nach der Grabkopie von Davies im Metropolitan Museum of Art, New York
Frontispiz, Abb. 10, 11, 12, 13, 14, 15; S. 34/35, 42, 46, 56/57, 74, 76/77, Umschlag (hinten)

Abdel Ghaffar Shedid, München
Umschlag (vorne), S. 39, 40, 41, 44, 45, 48/49, 52, 55, 58, 60, 61, 62 (o. l.), 62 (u. l.), 62 (u. r.), 66/67, 82

Eberhard Thiem (Lotosfilm), Kaufbeuren
S. 36, 37, 38, 43, 47, 50, 51, 53, 54, 59 (alle), 62 (o. r.), 63, 64, 65, 68, 69, 70, 71, 72/73, 75, 78, 79, 80, 81